a Ametista e o Jatobá

O autor cedeu os direitos autorais desta obra ao
CENTRO FÉ, ESPERANÇA E CARIDADE DO JESUS MARIANO CUSTÓDIO
Rua Luiz Gama, 249 – Campos Elíseos – CEP 14080-220 – Ribeirão Preto – SP.
CNPJ 45.251.170/0001-87

A ametista e o jatobá
Copyright by © Petit Editora e Distribuidora Ltda., 2010
1-6-10-7.000

Direção editorial: **Flávio Machado**
Assistente editorial: **Renata Curi**
Capa: **Patricia M. Moreno**
Imagens da capa: **Antonprado / Dreamstime.com**
Projeto gráfico e editoração: **Ricardo Brito / Designdolivro.com**
Produtor gráfico: **Vitor Alcalde L. Machado**
Preparação: **Maria Aiko Nishijima**
Revisão: **Luiz Chamadoira**
Impressão: **RR Donnelley**

Dados Internacionais de Catalogação na Publicação (CIP)
(Câmara Brasileira do Livro, SP, Brasil)

Kühl, Eurípedes.
A ametista e o jatobá / Eurípedes Kühl. – São Paulo : Petit, 2010.

ISBN 978-85-7253-186-3

1. Espiritismo 2. Romance espírita I. Título.

10-05915 CDD: 133.9

Índices para catálogo sistemático:
1. Romance espírita : Espiritismo 133.9

Impresso no Brasil, no outono de 2010.

a Ametista e o Jatobá

Entre o Amor e a Ambição

Eurípedes Kühl

petit editora

Rua Atuaí, 383/389 – Vila Esperança/Penha
CEP 03646-000 – São Paulo – SP
Fone: (0xx11) 2684-6000
www.petit.com.br | petit@petit.com.br

CONFORME NOVO ACORDO ORTOGRÁFICO

Livros do médium
EURÍPEDES KÜHL:

Com o Espírito Josué

- *Infidelidade e Perdão*
- *Uma Partida de Amor*
- *Três Arco-Íris*

Com o Espírito Roboels

- *Sempre Há uma Esperança*
- *Transplante de Amor*

Com o Espírito Domitila

- *Os Tecelões do Destino*

Com o Espírito Claudinei

- *Saara: Palco de Redenção*

Do próprio autor

- *Fragmentos da História pela Ótica Espírita*
- *Animais, Nossos Irmãos*
- *150 Anos de Allan Kardec*
- *Deus, Espírito e Universo*
- *A Ametista e o Jatobá*

Pela Butterfly Editora

- *Sonhos: Viagens à Alma*

Nota do autor

Este livro foi escrito
de maio/2007 a dezembro/2009,
sob inspiração espiritual.

Dedicatória

Dedico à senhora
APARECIDA LIMA DE FREITAS,
por sua missionária dedicação ao próximo,
nestes 55 anos, ininterruptos.
(2010)

Sumário

Apresentação

CADA EXISTÊNCIA terrena, temporal, é curta, se vista pelas lentes da eternidade.

Leis biológicas, sábias e imutáveis conduzem o corpo humano pelo trânsito da vida, do nascimento à morte, modelando-o de forma a cumprir um roteiro existencial preestabelecido, para proporcionar progresso ao espírito.

Quando da reencarnação, o organismo submete-se a leis biológicas, e o espírito, a Leis Morais, reguladoras infalíveis do endereço mais adequado à consecução desse abençoado caminhar.

Família, condição social, nível de saúde, tempo de vida, chances e acontecimentos marcantes são previsões a cargo de benfeitores espirituais especializados em programas reencarnatórios, pelo que ninguém duvide que nasceu no lar certo: onde está agora, naturalmente, terá sido decorrência das opções feitas. Em *O Livro dos Espíritos*,[1] Kardec obteve respostas objetivas

1. Allan Kardec. *O Livro dos Espíritos*. 1. ed. São Paulo, Petit Editora, 1999. Questões 258, 262a e 264.

às suas perguntas quanto a esse tema, aqui sintetizadas: na espiritualidade, antes de reencarnar, o espírito, com seu livre-arbítrio, escolhe o gênero das provas pelas quais pretende passar. Essa é a maioria dos casos, considerando-se que Deus não apressa a quitação das dívidas morais. No entanto, em alguns casos, diante da inferioridade do espírito, ou sua má vontade, uma reencarnação pode ser-lhe compulsoriamente imposta, servindo-lhe de purificação e adiantamento, ao mesmo tempo em que isso lhe constitui expiação. Com referência à livre escolha de dificuldades, alguns espíritos podem escolher vida de misérias e privações para tentar suportá-las com coragem; outros optam pelas tentações da riqueza e do poder – sempre perigosas pelas paixões inferiores que muitas vezes inspiram; outros mais preferem se experimentar nas lutas que têm de sustentar em contato com o vício.

Aquilo que não há como evitar, necessariamente enquadra-se nas chamadas "provas ou expiações".

Mesmo no caso de uniões conjugais de interesse, à revelia de compromissos espirituais assumidos, tudo o que acontecer ainda será em obediência às Leis Divinas, contrárias ao "acaso". Isso porque longo é o trajeto rumo à perfeição possível e, em tais circunstâncias, a vida e o espírito – elástica ao infinito, a primeira, e imortal, o segundo –, administram as experiências que estavam programadas para amanhã, antecipando-as para o hoje, precipitadas pelo agente.

Assim, aquele que abandona a família que formou para se entregar a outros amores, contrai novo débito espiritual por relegar compromisso assumido na espiritualidade. Eventualmente, a ligação à qual se entregou poderá atrair aqueles que, mais à frente, em outra existência, cumpririam, ao seu lado, outra etapa do seu programa reencarnatório. De qualquer forma, houve uma quebra de um comprometimento, e o responsável pelo rompimento deverá arcar com as consequências, as quais, muitas vezes, se estendem além de sua compreensão e limitada visão terrena.

Provas abandonadas numa existência ficam, em potencial, na coluna do "débito para futura quitação" do balancete da vida. Tal ressarcimento necessariamente acontecerá, numa existência futura, sob a embalagem de provação ou até de expiação.

Provas, quaisquer provas, são mesmo provas, isto é, existem para conferir aprendizados.

Expiações... Ah!, essas são sempre resgates compulsórios de débitos contraídos, via de regra, em existências distantes, ou que tenham sido transferidos em face de alterações intempestivas, tais como, a título de exemplo, o caso dos casamentos que se desfazem por intolerância, tédio conjugal, busca de novos prazeres, etc., deixando um rastro de infelicidades.

Mas, de uma ou de outra forma, o homem progride sempre.

Artistas, hoje, não se pode negar, são criaturas que desenvolveram maior sensibilidade em repetidas existências. Acumulando existências ao observar a natureza e a alma humana, traduzem com maestria o que se expressa espiritualmente, e o fazem com graça e encanto.

Dessa forma, a faculdade que detêm, é-lhes merecida conquista, sob todos os ângulos do progresso espiritual.

Não obstante, como quase tudo na vida navega em dualidade – verdade que o livre-arbítrio faz prova inquestionável – qual a luz solar, a beleza de uma obra de arte que é exposta acoplada à vaidade, em contraponto, projeta sombras íntimas na alma do seu autor. Por vezes, tamanho é o grau de infestação dessa vaidade do artista que nem mesmo há o prurido de evitar a autoproclamação de sua presumida genialidade, seja por palavras, por induções (a terceiros para que o façam), ou, pior de tudo, por ares de superioridade mundial.

Nesse rol incluem-se artistas das sete artes: a música, a dança, a pintura, a escultura, a literatura, o teatro e o cinema.

Se formos agora para as profissões, o leque se alonga, mas o princípio citado para os artistas, aplica-se por inteiro aos profissionais, liberais ou não, públicos ou privados, formais ou informais, executivos ou executantes, professores ou pesquisadores. Enfim, para todo mundo permanecem válidas as características vivenciais enunciadas sobre os artistas e trabalhadores em geral. E mesmo para os que apenas são pensadores, filósofos, religiosos, místicos de toda espécie.

Sem humildade, ninguém está no bom caminho, embora nele caminhe em chão aveludado ou em solo pedregoso, sob aplausos das multidões ou no anonimato.

A todos que agem com soberbia – sem exceção – as lentes divinas alcançam, matriculando-os nos institutos correcionais terrenos, de que nos dão notícia os tristes povos que hoje vivem abaixo da linha da pobreza.

Mas o amor de Deus sobrepaira sem cessar para todos, fiéis ou infiéis, bons e maus.

A paz é conquista individual daquele que fez por merecê-la, tanto quanto o sofrimento é caridoso mensageiro e inexorável instrumento para redenção dos maus, praticantes da cobiça, da inveja, da traição, do furto, da intolerância, da vingança...

É assim que todas as criaturas serão felizes. Cedo ou tarde. Todas!

Este livro é o relato de vida de um pequeno grupo de pessoas que a vida aproximou. Sentimentos contraditórios, ora de amor, ora de ódio, tais ingredientes, que a seguir se juntam numa história, bem que poderiam ser o espelho de situações que, eventualmente, vivenciamos e de atos que talvez todos nós já praticamos, ontem ou hoje...

O AUTOR

Primeira parte

O "Clube da Pedra"

ZIGUEZAGUEANDO veloz e forte por entre as árvores, o vento produzia sinistros zunidos, simultaneamente a raios e trovões, fazendo a madrugada toda despertar e as árvores tremerem. Aves, as noturnas, pressentindo a ventania, já haviam se deslocado para locais distantes e, as demais, a grande maioria de vida diurna, em sobressalto crescente, encolhiam-se no ninho, umas isoladas e outras cobrindo por inteiro os ovos ou filhotes. Impotentes todas. Se pudessem falar, perguntariam ao vento:

– Vento de Deus, por que nos castiga assim? Não vês que é noite e a hora é de dormir?

E se o vento as ouvisse, responderia:

– Avezinhas do céu, me perdoem, estou com pressa. Não me demorarei... Cumpro ordens...

Dizer que o vento ziguezagueava não é apenas uma forma de expressão, mas a realidade, pois as árvores ora se inclinavam para lá, ora para cá, algumas apresentando movimentos bruscos, em direções variadas.

Os galhos mais altos se entrelaçavam, se chocavam e recuavam bruscamente, mais parecendo espadachins aéreos com mil espadas, duelando freneticamente, num combate sem-fim.

Galhos, finos e grossos, caíam...

Árvores, algumas "morando" ali na Fazenda do Jatobá, havia muitos e muitos anos, cansadas e já no crepúsculo de sua abençoada existência, logo tombavam.

Anita e seus pais, acordados pelos raios e trovões, reuniram-se em volta da mesa tosca da cozinha e, amedrontados, puseram-se a rezar diante do lampião (ausente a eletricidade, por causa da tempestade), cuja luz bruxuleava mesmo estando encerrada no invólucro de vidro, querendo fugir dele e dali, como se também estivesse com medo do vento.

Rezavam o Pai-Nosso e a Ave-Maria, ora aquele, ora esta.

Fé e medo, medo e fé, misturando-se, rogava Jandira, a mãe de Anita:

– Mãe celestial: protegei-nos!

Anita, tremendo como a chama do lampião, antes de rezar, com a intenção de espantar o próprio medo e o dos pais, disse à mãe:

– Mãe, sonhei outra vez com aquela mulher de luz. O mesmo sonho de ontem: a mulher me dava muitos jatobás. Como se quisesse me ensinar alguma coisa, abria um a um os jatobás e, lá dentro, em vez das sementes, havia pedras coloridas, muito brilhantes, de cor roxa. Não sei como é que ela conseguia abrir os jatobás, pois, sendo tão duros, ela simplesmente passava a mão sobre eles e nas metades de cada um, forradas por dentro com uma seda da cor de ouro, surgiam as pedras, todas brilhando, muito bonitas. E sempre de cor roxa.

Mesmo sob impacto do que acontecia lá fora, Jandira comentou:

– Ora, minha filha, isso não passa de uma fantasia da sua parte. Como você gosta muito de jatobá e brinca tanto com a resina que apanha no tronco, com certeza misturou tudo e teve esse sonho, noite passada e esta.

Ainda se lembrou de um detalhe e aduziu:

– Você já observou como os jatobás têm mesmo a cor marrom, mas, antes de amadurecerem, parecem ficar um pouquinho roxos por fora e bem amarelinhos por dentro?

A criança se aninhou no peito da mãe e juntas acompanharam as preces que Amarildo proferia. Repetidamente, aliás.

O vento parecia ter vontade própria, pois dava a impressão de querer entrar no casebre, eis que as janelas e as portas, de madeira, por estalos incessantes e sem sincronia sinalizavam pressão de fora para dentro.

Pressão forte...

Logo aconteceu uma chuvarada. Verdadeira tempestade. De dar medo, mesmo.

Por causa da chuva pesada, o riacho que passeava calmo, ali na Fazenda do Jatobá, agora tinha se transformado numa torrente impetuosa, parecia que uma represa havia se rompido em algum lugar antes e perto dali.

Em meio a toda aquela turbulência, um acontecimento marcante: fora, não muito longe de onde estava a família, algo pesado tombara, e o impacto da queda sobre o solo produziu ligeiro estremecimento de toda a casa. Não a ponto de derrubá-la, mas o suficiente para as três pessoas no seu interior sentirem o tremor do chão e ligeira, quase imperceptível, movimentação das panelas dependuradas sobre o fogão, umas de encontro às outras.

Até as panelas davam a impressão de estarem medrosas, querendo talvez falar, pois o leve choque de umas nas outras, produziram diferentes sons, baixinhos, como se elas estivessem a cochichar...

Que horas eram?

Quanto tempo duraram o vendaval e a manga-d´água?

Dez minutos ou uma hora?

Impossível dizer, pois cronometrá-los foi no que menos a família pensou naqueles momentos, durante os quais permaneceu em orações ininterruptas.

Como veio, aquela inesperada e enérgica visita da natureza se foi...

Amarildo, aliviado, convidou à esposa e à filha:

– Vamos rezar de novo para agradecer a Deus por ter passado o perigo?

– Com certeza –, responderam em coro Jandira e Anita.

Esse "com certeza" era uma expressão que ultimamente todo mundo por ali usava.

Após um singelo Pai-Nosso, foram dormir.

Antes, pela janelinha, olharam a frente da casa, e, o quintal, pela porta da cozinha, tentando identificar o que teria provocado o tremor, mas só conseguiram vislumbrar o céu, límpido e com o dobro de estrelas lá no infinito, todas brilhantes e pulsando luzes, como raramente se vira por aquelas bandas.

Lá em cima, de fato, na calma da noite, eram as estrelas que conversavam e, poucos, pouquíssimos (no dizer de Bilac)[2] eram os que "tinham ouvidos capazes de ouvi-las", pois o planeta Vênus, promovido pelo homem a estrela, como se fosse maestro, adentrou solenemente no palco do grande teatro celestial.

Metade do mundo era a plateia, só que adormecida...

Cá embaixo, o humilde ribeirão, porém, agora parecia um rio furioso, ou melhor, impetuoso, pois rios jamais se dão aos desavisos do desequilíbrio, menos ainda da fúria. Rios – todos – são sempre benfeitores da humanidade. As chamadas "enchentes" não passam de simples desrespeito humano ao mecanismo natural de extravazamento dos leitos fluviais, os quais, na época certa – das cheias –, superam a calha e vão adubar os terrenos marginais.

Só isso. Coisas abençoadas da engenharia divina.

O homem é que, imprevidente, destrói a mata ciliar dos rios, asfalta e, com isso, impermeabiliza o chão que deveria ser

2. Olavo Brás Martins dos Guimarães Bilac: poeta brasileiro (1865-1918), em seu livro *Poesias* – Via Láctea ,– 1888, há um soneto (n. XIII), que termina assim:

E eu vos direi: "Amai para entendê-las!
Pois só quem ama pode ter ouvido
Capaz de ouvir e de entender estrelas".

mantido *in natura*; e; quando vem a chuvarada, não havendo absorção da água nas margens, nem rota de escoamento, surgem os desastrados alagamentos.

Não é de hoje que pela observação da repetência dos fenômenos naturais, o comportamento fluvial dos ciclos das chuvas em particular, que o homem, em vez de respeitá-los, simplesmente ignora-os e em nome do progresso tenta superá-los, construindo obras e mais obras marginais, sempre fora das estações chuvosas. Aí, quando as chuvas vêm...

Antes do amanhecer, Amarildo levantou-se.

Gentil, não acordou a esposa nem a filha.

Seu coração pulsava como aquele vento da madrugada, pois ansiava pelo raiar do Sol para poder verificar quais as consequências de tão marcante acontecimento.

Antes mesmo de se dirigir às cocheiras ou ao curral, para verificar como estavam os animais, seus olhos depararam com uma visão jamais imaginada: o frondoso jatobá, talvez secular, estava deitado, como um gigante desmaiado... Deu-se conta, então, que entre os estrondos que ouvira naquela noite, causados por violentas descargas elétricas, um deles se devia ao choque da majestosa árvore com o solo onde foi gerada.

Aquela árvore era de idade desconhecida, apenas se sabendo que quatro gerações já haviam se beneficiado de sua sombra e dos doces frutos tirados de dentro da casca áspera e dura. Aves, certamente centenas, ou milhares, já haviam sido ou ainda eram, até fazia poucas horas, inquilinas dela.

Agora ela estava tombada. Irremediavelmente tombada.

A grande benfeitora parecia dormir sobre a relva macia.

Os fortes ventos, obedientes à grande lei natural da transformação de tudo na Terra, tinham vindo buscá-la...

Quem construiu a casa, onde várias gerações residiram, teve o cuidado de edificá-la a distância afastada o suficiente do jatobá, como medida de segurança. Esse detalhe mostrou-se válido e providencial, pois o jatobá caiu em direção à casa, chegando a roçá-la.

Os olhos de Amarildo foram invadidos por lágrimas vindas não se sabe de onde, se do coração ou da alma.

Lágrimas clandestinas, com toda certeza!

Mas, sempre estafetas das emoções.

Homem afeito à lida do campo, acostumado à dureza da atividade rural, pois desde que nasceu vivera ali, pela primeira vez chorou e soluçou alto, incapaz de deter a emoção. Mas não chorou sozinho, pois Jandira e Anita, que igualmente haviam se levantado sem que ele as visse, estavam próximas a ele. Agora, o pranto sentido e solidário das duas as denunciaram.

A reação familiar foi una, instantânea, instintiva: os três, de mãos dadas, foram até a árvore caída, puseram as mãos nos galhos e depois foram até as raízes. Amarildo sentiu um grande sufoco no peito quando chegaram bem perto: vislumbrou no grande jatobá as iniciais dele e de Jandira, entalhadas no tronco e dentro da figura de um coração. No tronco havia tantas e tantas outras iniciais de namorados, noivos e maridos que num gesto simples, mas "eterno", ao longo dos anos registraram o seu amor naquela generosa árvore, qual se fosse um cartório arquivo do coração, testemunha muda de tantos amores.

Jandira recordou que desde seu namoro, noivado e casamento com Amarildo, ambos, a exemplo de outros casais – alguns até já falecidos –, fizeram daquela árvore amiga um recanto para as juras apaixonadas que então trocavam.

Anita, que sozinha ou com amiguinhos e amiguinhas sempre se divertiam no balanço preso a um galho do jatobá, ao ver as cordas enlameadas, quase encobertas de barro, viu seu "parque infantil" desaparecer.

Ela, assim como as crianças de gerações anteriores, faziam da fruta um brinquedo rústico: agitavam bastante o fruto até perceber que as sementes já estavam soltas; isso sinalizava que toda a polpa das sementes havia se soltado e estava reduzida a um fino pó amarelado; em seguida, era cuidadosamente feito um furo na ponta de uma lateral e outro furo na ponta da lateral oposta; e quem tinha essa "arma" partia para cima de alguém, geralmente outra criança, soprando um dos furos, para que o pó saísse em jatos do outro lado e alcançasse o alvo. Muita gente já ficara com a sobrancelha da cor amarela, por instantes.

Estáticos, os três, diante do jatobá.

Mil pensamentos entrecruzavam a mente de cada um deles.

Silenciosamente, agora que só as lágrimas escorriam e a tristeza tornara mudo o pranto, rodearam a veneranda protetora, testemunha silenciosa de tantas e tantas alegrias, bem como de algumas tristezas.

Jazia tombada. Irremediavelmente tombada. Morta!

As raízes, quebradas logo pouco abaixo do solo, que por tantos e tantos anos sustentavam o jatobá, como veias pelas quais ele retirava da terra a água e sua vitalidade, haviam enfraquecido com o passar dos anos. Isso já era do conhecimento de todos. Mas, assim como "na festa da vida a morte é sempre a mais certeira e a menos esperada de todos os convidados e convidadas", ali o fim daquela amiga tão generosa estava consumado, diante da tão infalível quanto incompreendida visita daquela conviva.

Amarildo pensava: "Árvores não deveriam morrer nunca!".

Em estado exacerbado de sentimentos, não se assustou ao ouvir uma voz que, "dentro da sua cabeça", repreendeu-o: "Tentando corrigir Deus?".

No Espiritismo, a pessoa que "intimamente" ouve vozes, claras, como na citação, é considerada médium audiente. Como toda faculdade mediúnica, há necessidade de ser "educada", o que essa pessoa consegue com estudo de obras sérias, como o *O Livro dos Médiuns*,[3] de Allan Kardec, além do emprego filantrópico dessa faculdade.

A generosidade das árvores – todas as árvores –, quase sempre é ignorada pelos homens. Esse não era o caso daquele

3. Allan Kardec. *O Livro dos Médiuns*.1. ed. São Paulo: Petit Editora, 2004.

velho jatobá, que tamanha utilidade tivera a muitas pessoas daquela região. Ainda agora seria inteiramente aproveitado, pois tronco e galhos prestam-se ao uso em marcenaria, fornecendo madeira muito resistente, de cor pardo-avermelhada, quase sempre para aplicação em assoalhos e forros.

O jatobá de grande porte, espécie também chamada de jataí e jatobá-da-mata, em particular, é árvore que além de fornecer frutos muito apreciados (vagem, longa e grossa, com sementes envolvidas em massa muito doce), seu tronco produz ainda resina adequada à fabricação de verniz. Em muitos casos, essa mesma resina tem ação na medicina popular.

Já o chamado jatobá-mirim (de flores pequenas) fornece, pelo tronco, um óleo também usado como medicamento caseiro.

O jatobá, no nordeste e na Amazônia, recebe o nome de jatobá-pororoca e também dá frutos que são vagens comestíveis, com polpa farinácea, rica substância viscosa, além de fornecer resina para verniz.

Em meio àquela dor, surpresa maior não poderia alcançar a família: os três, no mesmo instante, viram pontas de uma, pedra roxa, brilhante, encravada nos fundos do buraco circular surgido na lateral de onde antes se fincava o tronco. A chuva que caíra limpara parte da superfície daquela pedra, cujas pontas, agora expostas ao Sol, que acabara de chegar, brilhavam de maneira estupenda!

Mudos se quedaram os três.

Nenhum deles conseguia dizer palavra. Por fim, Amarildo exclamou:

– Meu Jesus! O que será isso?!

– Pela Virgem! Quem colocou essa pedra aí? – perguntou Jandira, baixinho.

– Foi ela! – respondeu Anita, ingênua e calmamente, deduzindo rápido. – As pedrinhas que aquela mulher de luz colocou dentro dos jatobás que me mostrou, ela deve ter tirado dessa pedrona.

Em segundos, a menina diagnosticou que o que viam era um aglomerado de pedrinhas coladas umas nas outras. De fato, não é de todo descabida essa impressão, pois, quando uma porção de quartzo é retirada do geodo, apresenta-se mesmo quais fragmentos "colados". Geodo é uma cavidade de rocha cujas paredes são revestidas de minerais mais ou menos bem cristalizados. Os cristais de quartzo sempre crescem sobre uma base, denominada "geodo".

O pai, deslumbrado e emocionado, nada entendeu das palavras da filha. Anita ainda confirmou sua "certeza":

– Com certeza: olha só como essa pedra cheia de pontas é brilhante e de cor roxa, parece que é a mãe das outras dentro dos jatobás!

Amarildo ainda desentendeu, até porque não prestava atenção ao que a filha dizia, tamanha sua empolgação.

Decorridos instantes, que se mostraram longos, Jandira olhou para o céu:

– Oh, minha Mãe Celestial, graças vos damos por este presente que a Senhora trouxe para nós. Imagino que esta pedra veio lá do jardim do paraíso, com certeza.

Em instantes, nos três, a tristeza pelo jatobá caído foi substituída por espanto, e este por deslumbramento, tanto quanto, também assim tão depressa, agora por alegria, seguida de júbilo. Tudo isso, em segundos. Ou menos...

Amarildo, refazendo-se em parte do agradável choque que vivenciava, desceu cuidadosamente ao buraco aberto, de quase um metro de profundidade, e tentou tirar a pedra de lá. Não conseguiu. Tudo indicava que não seria fácil fazer a pedra sair dali, só Deus sabendo quando e como é que ela fora parar onde estava.

– Que pedra é essa, Amarildo?

– Não sei, mulher. Mas, pelo jeito, é bem pesada.

Anita interferiu:

– É daí que a mulher de luz tira pedacinhos para colocar dentro dos jatobás.

– Que é isso, menina? Onde já se viu jatobás com pedras dentro?

– Ora, Amarildo, a Anita está se referindo a um sonho que ela teve anteontem e repetido ontem, no qual uma mulher de luz, segundo ela diz, dava-lhe jatobás de presente. A tal mulher passava a mão nos jatobás e eles se abriam, e dentro deles, em vez de sementes, havia pedrinhas brilhantes, roxas. Cada metade do jatobá parecia uma minicanoa, e as pedrinhas, os passageiros; depois, essas metades eram colocadas num pequeno rio que logo se transformava num mar... E as levava para bem longe...

– Sonhos... Sonhos... Não passam de... sonhos.

– Mas, pai, onde é que a mulher arranjou as pedrinhas que estavam dentro dos vários jatobás que me deu de presente?

– Muito bem. Onde estão essas pedrinhas?

– Ficaram lá no sonho. Agora estão aqui, dentro dessa pedrona.

– Ah, é? Então a pedra toda é para você?

– Acho que é... com certeza...

O pai, amorosamente, passou a mão pela cabeça de Anita e disse-lhe, com suavidade:

– Filhinha, preste atenção: esse seu sonho pode ser uma mensagem, igual a um telegrama vindo lá do céu, dizendo que nossa família vai ficar rica.

O olhar de Amarildo brilhava intensamente e quando mirava para a pedra encravada no solo, demonstrava estar quase em êxtase.

O devaneio familiar foi bruscamente interrompido ante a aproximação de alguém: era Joseval, vizinho deles, que possuía também uma fazenda – a Fazenda Santa Teresinha[4] –, só que bem maior que a Jatobá, como era conhecida a de Amarildo.

– Ô, vizinho, que chuvão esta noite, hein?

4. Santa Teresinha, conhecida por "Santa Teresinha do Menino Jesus": Nascida Maria Francisca Teresa Martin (1873-1897), na França. Foi canonizada em 17/5/1925, na Basílica de São Pedro, em Roma. Em 1927, foi proclamada Padroeira Universal das Missões. Em 1944, foi nomeada padroeira secundária da França, juntamente com Santa Joana d'Arc.

Amarildo teve uma reação instantânea, quando viu Joseval: rapidamente pulou para dentro do buraco e sentou-se sobre a pedra. A parte exposta da pedra era irregular e cheia de pontas, chegando a ferir um pouco Amarildo, sem que este se movimentasse, para não demonstrar o que ocultava. Por alguns dias teria dificuldade para se assentar...

Embora o vizinho tivesse mais posses do que ele, Amarildo temia que Joseval ficasse com inveja, ou cobiçasse, se soubesse daquele tesouro que o céu lhe dera. Joseval exclamou:

– Ué, Amarildo: por que está aí nessa barreira toda, sujando tanto sua roupa?

– É que eu... eu... estou procurando uma chave minha que caiu aqui.

Assim dizendo, Amarildo revolvia o barro, mas não com muita vontade...

– Quer que eu o ajude a procurar?

– Não carece. Eu mesmo vou encontrá-la. Não vê que já estou enlameado, mesmo?

Assim dizendo, Amarildo ordenou à esposa:

– Jandira, me faz um favor: mostra para o Joseval onde estão minhas ferramentas e pede para ele me trazer um ancinho, pois só com as mãos eu não vou conseguir mexer nesse montão de barro, à procura da chave.

Joseval adiantou-se:

– Ora, ora, sei que suas ferramentas ficam ao lado do paiol: vou lá buscar o ancinho pra você e uma enxada para que eu possa ajudá-lo.

– Sim, sim. Vou continuar aqui tentando.

Quando Joseval se afastou, Amarildo cochichou para a esposa e a filha:

– Psiu! Nem uma palavra sobre o que achamos. Vocês nem imaginam o perigo que representa uma descoberta dessas! Se a notícia se espalha, logo nós seremos visitados por tanta gente, tantos aventureiros, tantos bandidos...

Jandira e Anita se espantaram com os cuidados de Amarildo, principalmente porque o vizinho nunca dera motivo para quaisquer suspeitas de algum mau comportamento. Pensavam: "Como é que o senhor Joseval pode representar algum perigo para nós?".

Pensaram, mas nada disseram.

Apenas prometeram que fariam o que lhes era pedido.

Antes de Joseval retornar com as ferramentas, Amarildo, sofregamente cavara o chão com as mãos e conseguira cobrir a ponta exposta da pedra com barro. Seu temor se baseava nos multiplicados exemplos de que tivera notícia, fosse pela televisão, fosse pelos jornais, do afluxo de aventureiros de toda parte que acorrem para os locais nos quais há notícias de encontro de ouro, em pepitas ou em veios, ou minas de pedras preciosas.

Joseval, da borda do buraco, ofereceu-se para rastelar.

Amarildo recusou a ajuda:

– Não carece, não, Joseval: lembrei que tenho uma duplicata...

Assim dizendo, Amarildo saiu do buraco. Estava enlameado. Dirigiu-se para o tanque de água, do lado de fora da casa e perguntou:

– Pois é, Joseval, eu até agora nem perguntei se você veio aqui por alguma precisão...

– Não, Amarildo, vim apenas para comentar o chuvão desta noite.

– Ah, sim! Graças a Deus que a minha casa foi construída com distância certa, longe do jatobá, senão...

– Lá para os lados da cidade, segundo me contaram uns trabalhadores que passaram aqui perto, a coisa foi feia, teve enchente e enxurrada forte, que arrastou até carro. Eu mesmo, ainda há pouco, tive medo de atravessar a ponte do nosso riacho, pois o volume da correnteza está de dar medo.

Amarildo limpou-se o possível e convidou Joseval para tomar o café da manhã:

– Você fica conosco, para o café? Por causa dessa lida toda, nós ainda nem comemos nada.

– Agradeço, mas não é o caso, pois antes de vir para cá eu tomei meu café.

Amarildo olhou para o vizinho, com expressão de que o que tinha para ser dito já acontecera e que já estava na hora de ele se retirar.

Joseval, percebendo que a família mostrava algum constrangimento, deduziu que isso se devia ao fato de ainda não terem tomado o café matinal. Mas, antes de se retirar, ainda perguntou:

– Embora não seja da minha conta, que chave era essa que estava com você e como foi cair naquele buraco?

A pergunta pegou Amarildo de surpresa. Também a Jandira e a Anita.

Demonstrando embaraço e contrariedade ante a pergunta, Amarildo demorou um pouco para responder. Conseguiu, com metade da verdade:

– Quando vi o jatobá caído e o buraco na base do tronco, percebi que a força do vento arrancou-o do chão, quebrando suas raízes. Desci no buraco para tentar identificar o rumo das raízes, para ver se alguma estava na direção da minha casa, para eu saber como cortá-la, antes de puxar com o trator.

– Ah, então foi isso. A chave do trator estava no seu bolso e caiu.

– É...

Essa era a outra metade da resposta: mentira... não tinha chave alguma no bolso.

Joseval despediu-se e foi para sua fazenda.

Amarildo reuniu a esposa e a filha na cozinha e recomendou:

– Viram só, o atrevimento do Joseval? O que é que ele tem com a minha vida? É o que eu disse para vocês duas: temos de ter o maior cuidado para ninguém ficar sabendo que achamos aquela pedra.

– E o que vamos fazer? – indagou Jandira.

– Ora, vamos tirar a pedra lá do buraco e vendê-la na capital – disse, referindo-se à capital do Estado onde imaginava que tal venda prosperaria.

Olhando para o céu, disse em voz sussurrante:

– Estamos ricos!

Assim dizendo, Amarildo saiu da casa e deu algumas voltas pelas redondezas; foi até o riacho e espantou-se mesmo com a força das águas. Depois, verificou se ninguém estava por perto, e, principalmente, se Joseval já tinha sumido da sua vista. Não vendo ninguém, quando Jandira disse que o café estava pronto, convidando-o, Amarildo recusou:

– Nada disso: só tomo o café depois que eu tirar aquela pedra de lá e escondê-la em casa.

– Mas nós precisamos tomar nosso café...

– Isso fica para depois. Você fica ali atrás da casa e Anita vai para perto daquele cajueiro e ficam atentas, para ver, uma de cada lado, se ninguém mais se aproxima. Se vier alguém, na mesma hora me avisem.

Assim dizendo e logo após as duas se posicionarem nos pontos estratégicos orientados por ele, o homem pegou uma enxada e com bastante cuidado começou a cavoucar em redor da pedra.

Grande surpresa teve ao constatar que a pedra era maior do que supunha. Quanto mais cavava e tirava o barro em volta dela, mais fundo precisava cavar.

Depois de quase uma hora de exaustiva labuta, conseguiu enfim pôr a descoberto toda a pedra. A parte brilhante estava encravada no topo de um pedaço de rocha.

O peso total seria de, estimativamente, uns sessenta quilos!

Desse total, a quarta parte, isto é, talvez uns quinze quilos, era mesmo da cor roxa e muito brilhante.

Amarildo não tardou em se dar conta de que, sozinho, não conseguiria remover aquela pedra. Pensava: "Mas, o que farei? Quem poderia ajudar-me, sem ficar com inveja? Será que se eu chamar alguém para me ajudar essa pessoa não irá querer me roubar a pedra?".

Tais pensamentos reproduziam-se velozmente e castigavam sua mente. Tomou uma primeira e urgente providência: com um machado, cortou vários galhos do jatobá caído e cobriu o buraco onde antes o tronco se fixava.

Finalmente, tomaram o café matinal.

Quando o ônibus escolar passou por ali, levou Anita.

Antes, o pai recomendou ainda uma vez:

– Filha, pelo amor de Deus, não conte para ninguém que nós achamos aquela pedra. Prometa para mim!

– Mas, pai, todos por aqui são nossos amigos...

– Eram! Agora que vamos ficar ricos, a amizade se transforma em inveja...

E, nervoso, reiterou:

– E então? Você ainda não me prometeu. Prometa, filha!

– "Tá" bom, pai: prometo que não vou contar para ninguém.

Aliviado, beijou a filha:

– Isso mesmo. Que Deus a acompanhe.

– Com certeza.

Todos os pais sabem que seus filhos, quando frequentando os primeiros anos do ensino fundamental, fazem da escola um segundo lar, e que, por afinidade, sintonizam-se mais com uns do que com outros coleguinhas.

Com Anita não era diferente: embora tivesse na sua classe mais de trinta colegas, era com Fabíola que ela mais compartilhava as horas estudantis. Aliás, fora do horário escolar, também se encontravam, ora para estudar juntas, ora para passeios ou, quase sempre, para apenas conversarem. Muitas vezes, para se balançarem no grande jatobá...

Embora nos seus verdes nove anos, Anita nutria um sentimento especial por Antero, de doze anos, irmão de Fabíola. Simpatia, apenas.

A amizade entre as duas meninas era dessas que, nos multiplicados anos do futuro, tinha tudo para não se perder: certamente, quando crescessem, mais fortes e emocionadas seriam as lembranças dos distantes tempos passados. E aí, mais fortes os laços fraternais e recíprocos dessas duas amigas.

Anita mal conseguia guardar até a hora do recreio o grande segredo, para contá-lo à amiga.

Apenas duas horas! Que mais lhe pareciam finalmente ter mostrado, na prática, o que é a tal eternidade, à qual os adultos se referiam, dizendo que era "um tempão".

Não conseguira prestar atenção à lição que a professora repassava para a classe.

Só pensava no seu sonho recorrente e na "pedra do jatobá".

A professora captou o alheamento da aluna e interpelou-a, delicadamente:

– Anita, você está se sentindo bem? Há alguma coisa preocupando-a?

Respondendo e saindo do devaneio, Anita fez uma pergunta de todo descabida para a aula que estava sendo dada:

– A senhora sabe me dizer qual é a idade das pedras que brilham?

A professora estranhou a pergunta, mas não deixou de responder:

– Esse não é assunto para esta aula, mas, para não deixá-la sem resposta, posso apenas dizer que as pedras que brilham, principalmente as chamadas pedras preciosas, são quase da idade do planeta Terra: muitos e muitos anos, milhares de milhares de anos... Uma eternidade... Um tempão...

Com olhar de curiosidade, completou:

– Agora, se você quiser contar para todos nós, diga: por que fez essa pergunta?

Anita se atrapalhou e só conseguiu dizer:

– Por nada, por nada...

Ninguém entendeu o porquê da pergunta.

Nem a professora, que não insistiu.

Fabíola notara, desde o início das aulas, que Anita estava "diferente".

Finalmente... Finalmente, para Anita... Chegou a hora do recreio.

A amiga estranhou e foi logo perguntando:

– Nossa, Anita, parece que você viu *bicho brabo.*

Fiel à promessa feita havia pouco mais de duas horas ao pai, Anita disfarçou:

– É que essa noite teve aquela tempestade... Tive tanto medo...

– Morri de medo, também. Não só eu, todo mundo lá em casa.

– Mas você não sabe o pior: o nosso jatobá caiu, derrubado pelo vento.

– Oh! Que tristeza. E agora, como é que nós vamos brincar de balanço?

– Pois é, quando vi aquela árvore no chão até chorei.

Essa era metade da verdade. A outra metade Anita conseguiu ocultar.

Mas, apenas por alguns minutos.

Após tomarem o lanche, pensando na grande amizade que tinha por Fabíola, decidiu revelar para ela a sensacional descoberta, fato que viera comprovar que o sonho que ela tivera, e contara para amiga, na véspera, era "de verdade".

Assim, contar sobre a pedra era mais para mostrar que seus sonhos eram proféticos e não apenas devaneios. Eram realidade!

Chamou Fabíola e levou-a para um canto, tentando ficar a sós.

A intensa movimentação do recreio, todavia, não ofertou clima e oportunidade para Anita repartir com a amiga aquele segredo que não queria calar dentro do seu peito.

Retornaram à classe.

Faltando ainda algum tempo para as aulas terminarem, passou um bilhete para Fabíola: "vou ao banheiro e dê um jeito de ir também, pois preciso contar uma coisa maravilhosa que aconteceu".

Anita solicitou à professora permissão para ir ao banheiro e logo a seguir, Fabíola fez o mesmo.

Quando se encontraram, falando baixinho, Anita murmurou:

– Jura que se eu contar um segredo você não diz para ninguém! Jura!

– Você acha que eu sou faladeira? Nem parece minha amiga...

– É que se trata de um acontecimento muito perigoso...

– Estou com medo... Acho que não quero saber de nada... Você escreveu que era uma coisa maravilhosa e agora diz que é perigosa.

– E tem perigo mesmo. Mas preciso ter certeza de que você não contará para ninguém, principalmente para seus pais.

– Acho que você não é mais minha amiga. Como é que uma coisa qualquer pode ser perigosa se eu contar para os meus pais?

Assim dizendo, Fabíola demonstrou que retornaria à classe de aula.

Anita pegou-a pelo braço e implorou:

– Sua boba! Você é minha melhor amiga. É que o segredo pode representar perigo, enquanto papai não resolver um assunto...

– Seu pai? O que tem o segredo a ver com seu pai?

– Com papai, mamãe e comigo. Por isso é que peço que você jure.

– Então está bem. Juro que não vou contar para meus pais o que você me disser.

E Anita narrou, com um colorido emocionado, o encontro de uma grande pedra, de pontas brilhantes na parte de cima, sobre uma base de pedra comum. E que estava embaixo do tronco do jatobá.

– Ih! Esse o grande segredo?! Não sei por que tanto mistério...

– Você não entendeu: embora só a parte de cima da pedra seja brilhante, ela é cheia de pontas. Brilhantes, lindas, lindas, essas pontas. Papai disse que a parte que brilha vale uma fortuna! Por isso que ninguém pode ainda saber dessa descoberta, pois, senão, muitos aventureiros poderiam invadir nossa chácara e as terras aqui por perto.

– Invadir? Para quê?

– Você não está acompanhando o que eu estou contando. Lembra-se do sonho que contei ontem? Pois é: essa pedra é um tesouro que descobrimos enterrado lá no nosso chão, e quando essa notícia se espalhar, todo mundo vai querer achar um também. Papai disse que nessas ocasiões todos se transformam em garimpeiros e se dirigem para a região, onde não respeitam nada nem ninguém.

– Ah! Agora entendi.

Aliviada por ter repartido o segredo, Anita convidou:

– Vamos voltar para a classe.

– Eu quero ver essa pedra! Você me mostra?

– Nem pensar. Como eu disse, o que contei é um segredo e, assim, significa que, para todos os efeitos, você não sabe de nada.

– Hum...

Uma boa definição de segredo é: "algo que se conta para todos, mas para uma pessoa, de cada vez".

Tem sido sempre assim, ao longo das civilizações.

Com Fabíola, não foi diferente.

Não via a hora de chegar em casa e contar para Antero, o irmão, o que acabara de ouvir de Anita.

Quando pôde, chamou o irmão em particular para contar tudo.

Antes, fez Antero jurar que não contaria para ninguém o que ia revelar.

Após o devido juramento – que invariavelmente na maioria das vezes é quebrado –, Fabíola narrou o que Anita lhe dissera.

Falou com o irmão em voz baixinha, bem baixinha, pois segredos jamais são contados em voz alta. Reza antiga crença popular que as paredes têm ouvidos...

Anita e Antero, só pensavam em ir ver a tal pedra brilhante, grandona...

O menino tinha grande afinidade com a mãe, sendo recíproco o sentimento intenso de pura afeição entre ambos, o que, não poucas vezes, até despertara ciúme em Fabíola.

Mas, por outro lado, afinidade e afeição eram também sentimentos muito fortes entre ela e o pai.

Nada além de uma normal afinidade espiritual, que em nada afetava a harmonia daquela família e daquele lar. Nem Édipo, nem Electra passeavam por ali.

Quanto a Édipo, trata-se de referência ao Complexo de Édipo, elaboração de Freud, segundo a qual a fase infantil do desenvolvimento de todos os rapazes caracteriza-se por um amor profundo pela mãe e um ódio ao pai (Édipo, segundo a mitologia grega, matou involuntariamente o pai e casou com a mãe); quanto a Electra, uma referência à designação de Jung (na mitologia grega, Electra induziu Orestes, seu irmão, a matar Citemnestra, sua mãe, a qual, com a ajuda de Egisto, havia assassinado o pai deles, Agamenon), em contrapartida ao Complexo de Édipo.

Mais tarde, a Psicologia incorporaria, conforme o caso, relativamente às moças, a expressão Complexo de Electra.

Antero, à noite, antes de dormir, foi dar um beijo na mãe e num rasgo de espontaneidade contou o "segredo da Anita". Com os detalhes. Não exigiu juramentos. Nem falou baixinho...

Abigail, a mãe dos dois, quando surgiu a oportunidade, em sussurros contou para o marido sobre o tal segredo. O que disse foi em voz quase inaudível, tanto que teve de repetir várias vezes uma ou outra palavra, embora ele não fosse surdo. Repassou também os detalhes...

Como se depreende, aquele segredo, como todos os segredos, seguia seu curso...

Só que o marido de Abigail e pai de Antero e Fabíola era... Joseval.

Exaltado, furioso mesmo, esbravejou:

– Ah! Então aquele fingido estava me escondendo isso! Bem que eu desconfiei de que alguma coisa estranha acontecia por ali, e não só o tombamento do velho jatobá.

– Que sorte a deles, hein?

– Se ele achou, quem pode afirmar que por estas bandas não exista uma verdadeira mina dessas pedras?

– Será?

– Pense comigo: Deus ia pôr só uma pedra dessas debaixo das raízes de um jatobá? Para Deus, nada é impossível e, pelo que ouvi dizer, onde se acha ouro ou pedras preciosas existe muito mais por perto.

Filosofou:

– É como montanha: atrás de morro sempre vem morro – pensou erroneamente Joseval, visto que é na serra que um morro surge atrás de outro.

– É, isso é verdade. Talvez existam mesmo outras pedras, mas lá nas terras deles.

– O Amarildo é xucro e eu vou dar um jeito de me tornar sócio dele.

– Duvido que ele aceite sociedade. Agora que achou um tesouro, não vai reparti-lo com ninguém.

– Isso veremos.

Mil estratagemas passaram e repassaram pela mente de Joseval, de como proceder para que, de alguma forma, também ele usufruísse a fortuna que, pensava: "infelizmente, tinha de estar enterrada lá na Jatobá. Por que não aqui, na Santa Teresinha?".

Nesses mil ensaios pontificava um denominador comum: a inveja.

E mais: Joseval, antes de ouvir o segredo, pensava por si mesmo, mas tão logo ficou sabendo daquilo, um sentimento exterior, de início fraco, foi se adentrando na sua alma, para em pouco tempo ganhar força indômita, como se agora não uma, mas muitas e muitas outras mentes estivessem pensando a mesma coisa que ele.

E, então, um pensamento, como que composto talvez de dezenas de outros pensamentos similares, quais um feixe de bambus, apoderou-se por completo da sua alma: riqueza!

E, incrível: nem cinco minutos haviam se passado desde que "descobrira" o segredo de Amarildo.

Desnecessário dizer que, naquela noite, Joseval não conseguiu dormir mais do que em alguns poucos e atribulados períodos, não vendo a hora de o dia raiar, para que saísse da cama e encontrasse uma forma de participar da fortuna que, segundo imaginava, dormia sono milenar no subsolo daquela região. E que ele iria despertá-la.

Para ele, agora, não havia pedra só na Jatobá mas sim em "toda a região...". Sua mente, qual acelerador travado em ação máxima, formulava pensamentos que se acumulavam, uns aos outros, indo todos despencar na boca cônica de um largo funil de perturbações, de cuja ponta do tubo vazavam gotas incandescentes de um único combustível: a inveja.

Tendo permanecido acordado quase que toda a noite, levantou-se inúmeras vezes, andou daqui para ali, na casa toda, qual zumbi. Voltava a deitar, mas a cama não o aceitava, expulsando-o em menos de um minuto. E, aumentando o time dos insones naquela noite, Abigail também se levantou, vendo o marido tão inquieto.

A razão da inquietude de Joseval era palpável: o pensamento fixo na pedra do Amarildo.

Acordou com as galinhas, ou melhor, acordou as galinhas e o galo. Aliás, o galo, vendo o homem inquieto a perambular algumas vezes na madrugada pelo quintal, por ser ele – galo – o dono do pedaço, isto é, do terreiro, também dormiu mal o restinho da madrugada. Tanto que se pôs a cantar antes da alvorada.

Mais gente teve desconforto naquela noite, pois, já que por razões desconhecidas, Amarildo também não conseguiu dormir bem. Nem sua mulher, Jandira. Ao café matinal, comentando a insônia que os visitou, diagnosticaram que a preocupação com o destino da pedra foi a culpada.

Joseval e Amarildo tinham seus afazeres rurais, mas nenhum dos dois foi trabalhar neles. O primeiro, porque queria fazer muitas coisas, todas relacionadas com sua obsessão, isto é, participar do "tesouro". E isso apenas seria possível se fosse à casa de Amarildo. Só que não conseguia encontrar um bom motivo para aparecer por lá. Qualquer que fosse a razão da visita, certamente o vizinho desconfiaria. Isso mais e mais o torturava. A inveja que sentia configurou-o como sócio-fundador de um clube: o "clube da pedra".

Esse clube, que acabara de ser fundado, só aceitava sócios cujo lema fosse a obsessão por fortuna. Candidatos que tivessem inveja dos que já a possuíam eram preferenciais.

O clube, assim, por enquanto, contava apenas com dois sócios: Joseval, o fundador; e Amarildo, por demais ambicioso pela riqueza.

Contudo, em breve espaço, esse clube poderia ter uma infinidade de associados, caso viesse à luz a notícia da pedra.

Quanto a Amarildo, mostrava-se inquieto, nervoso, desconfiado e com maus agouros, mais e mais se perturbando, pois sozinho não encontrava um jeito de tirar a pedra de onde estava.

E esse estado emocional, tanto de Amarildo quanto de Joseval, fortemente contagiante, logo alcançou as respectivas esposas.

Uma e outra devaneavam em como seria bom "ser rica".

Aí, contando agora com mais as duas, o "clube" passou a ter quatro associados, sendo dois na categoria dos "ansiosos por fortuna" e as outras duas sócias, na categoria das esposas "submissas em tudo aos maridos".

De fato, embora as duas mulheres fossem simples, até então sem ambições, para elas estava reservado o papel de coadjuvante nas ideias e andanças dos maridos, suportando a carga emocional destrambelhada de ambos – cada um, a seu modo.

As mentes delas, voltadas apenas para os afazeres domésticos e os cuidados para com a família, de fato faziam contraste com as dos esposos.

Amarildo e Joseval vivenciavam perturbações, sendo assaltados por nuvens de pensamentos negros, em contraposição com o belíssimo céu azul do dia que nascia. Nenhum dos dois respondeu ao adeus da última estrela no céu, sequer captando essa bênção para os que madrugam.

Joseval decidiu espionar a casa de Amarildo, mantendo distância prudente, para ver alguma movimentação que servisse de argumento para ir até lá e ofertar ajuda.

Assim decidido, saiu de casa após o café matinal e levou um susto quando, a distância de não ser visto, vislumbrou que Amarildo já estava mesmo lidando junto ao jatobá caído, com o trator indo e voltando para lá e para cá, puxando galhos e partes do tronco da árvore. O fato de a árvore estar serrada em pedaços, bem mostrava que cedo Amarildo iniciara atividades com ela. Captou, assim, que o vizinho já estava havia muito tempo naquele trabalho. Pensou: "É o que estou vendo: não posso perder um minuto, do contrário, a fortuna que está aí pelo chão vai me escapar. Preciso ser mais esperto. Vou agora mesmo até lá e, se Deus me ajudar, vou conseguir o que quero".

Interessante como as pessoas, até mesmo em situações francamente equivocadas, para não dizermos maldosas, pedem a Deus que "ajude" a prosperar tais atividades. Tal equívoco parecer ter gosto de mel, do tanto que é saboreado no mundo.

Unindo pensamento à ação, dirigiu-se rápido para a casa de Amarildo.

O olhar azedo, quase de ódio, com o qual foi recebido, bem demonstrou que por ali havia mesmo coisa para esconder.

"O tesouro", pensou Joseval.

Amarildo, sem descer do trator, desligou-o. Isso dava mostras claras de que não pretendia continuar trabalhando no que fazia.

Joseval percebeu, mas tendo preparado uma desculpa, foi logo dizendo:

– Vim aqui ajudar o compadre a recolher o jatobá.

Naquele preciso momento, Amarildo passou a ser "compadre", fato que a realidade não avalizava, pois nenhum dos dois "batizara" o filho do outro.

Essa pseudogentileza aguçou ainda mais a desconfiança de Amarildo:

– Ué, desde quando somos compadres?

– Não somos pela igreja, mas pela vida, não é mesmo, compadre?

– Bem, se é assim, compadre, não quero prejudicar suas lidas; por isso, agradeço sua ajuda, mas aqui ela é desnecessária. Como vê, já cortei o jatobá e estou levando as toras e os galhos para secar.

Joseval não teve mesmo como retrucar.

Olhou bem no fundo dos olhos do vizinho e, sem dizer palavra, fez meia-volta e se retirou. Antes, de forma inconsciente, por um milésimo de segundo, dirigiu o olhar para o buraco, onde sabia estar o tesouro recém-desperto de um sono milenar. E do qual já se elegera sócio.

Foi com esse gesto que se traiu, pois ficou patente para Amarildo que o "compadre" não tinha vindo só para ajudar.

Amarildo chamou Anita e perguntou com rispidez:

– Fale a verdade: você falou para os vizinhos a respeito da pedra?

Apavorada, diante do olhar de raiva do pai, Anita mentiu:

– Eu não, pai, nunca faria uma coisa dessas.

Amarildo percebeu que, mesmo que ela tivesse contado, jamais confessaria para ele. Desconfiando de que o vizinho sabia da existência da pedra, sua mente entrou em aceleração de ideias, todas exigindo ação urgente "se quisesse usufruir o tesouro que Deus mandara exclusivamente para ele", pensava.

Novamente, embora em clima diferente, isto é, agora sem maldade contra ninguém, alguém colocava Deus no meio do embrulho que estava fazendo com a embalagem da cobiça. E aos que assim procedem isso também lhes parece testemunho de fé e gratidão a Deus.

Se, para Amarildo, a urgência seria sua chave de segurança, garantidora de entrar logo na posse integral da fortuna que o destino lhe enviara, para Joseval passou a ser a tônica, eis que em sua mente brotou um plano, para execução o mais rápido possível: ser dono da pedra.

Pensava: "Sim, tendo a pedra, eu a venderei e com o dinheiro comprarei a Fazenda do Jatobá, onde com certeza há de ter muitas outras pedras como aquela".

Lembrou-se de que, no mês anterior, dois sobrinhos do Chico – seu único empregado, fazia muitos anos –, que moravam com os pais numa roça distante dali cerca de três quilômetros, vieram pedir emprego "com carteira assinada", mas não foram atendidos, até porque a área cultivada e os poucos animais de Joseval não comportavam mais trabalhadores, além dos avulsos, por ocasião do plantio e da colheita do milho.

Como, aliás, acontecia na Fazenda do Jatobá.

Chico era de confiança de Joseval. Discreto, educado, solteiro, de meia-idade, trabalhava e residia ali na fazenda desde que fora contratado. Morava numa pequena casa afastada uns oitenta metros da casa do patrão.

Joseval, pensando nos sobrinhos do Chico, chamou-o:

– Sabe seus sobrinhos, Chico? Aqueles dois que vieram pedir emprego para mim?

– Sim, patrão.

– Pois é, estou precisando fazer um trabalho extra e pensei neles. Será que você pode pedir para eles conversarem comigo?

– Claro que posso. Quando que o senhor quer vê-los?

– Qualquer hora dessas. Quando você puder ir chamá-los.

Joseval, de caso pensado, disfarçava a ansiedade que fervilhava em sua mente, procurando não demonstrar que tinha pressa.

Se a pressa fosse gente, bem que daria um tranco naquele mentiroso.

Chico, homem prudente, como o são quase todos os ruralistas, também disfarçou a curiosidade que sentiu. Coçou o pescoço, pigarreou, olhou para o céu, e perguntou:

– É coisa para muitos dias?

A pergunta, simples, direta, embutia, já num primeiro momento, uma grande esperteza, pois da resposta muitas conclusões poderiam ser extraídas...

Mas Joseval estava preparado. Bem preparado. Deu um chute numa pedrinha e, como quem não quer nada, respondeu:

– Ainda estou pensando.

Respostas como essa desencorajam outras perguntas. Sempre. Em qualquer diálogo. Em qualquer assunto ou situação.

Chico captou isso e, imediatamente, com outro estratagema, disparou:

– Hoje é quarta-feira. No domingo, eu vou lá na roça do meu irmão e dou o seu recado aos rapazes.

Para isso Joseval não estava preparado. Na verdade, ele queria que Chico fosse naquele momento, correndo, buscar os sobrinhos. Contudo, disposto a revestir-se do máximo de cautela, deu um xeque-mate na conversa com o empregado:

– Pensando bem, preciso ir à cidade logo mais. Aí, de lá darei um pulinho até a roça do seu irmão, onde moram, e converso com eles.

No cérebro de Chico uma luz amarela, de "atenção", acendeu-se na hora. De forma inconsciente, fizera duas perguntas e para as duas o patrão evitava a resposta. Pensou, com os botões da sua surrada camisa: "Hum... aí tem...".

E tinha mesmo.

Saindo dali, Joseval deixou passar algum tempo e foi para a cidade, dirigindo sua camioneta. Chegando, parou diante de uma firma de ferramentas, onde adquiriu duas enxadas. Depois, tomou o rumo da roça onde os sobrinhos do Chico moravam e encontrou-os antes de chegar à casa. Já àquela hora estavam almoçando. E não eram ainda nem dez horas da manhã. É que na roça se almoça cedo, mesmo.

Os dois rapazes estavam sentados num tronco, cada um com uma pequena caçarola no colo, alimentando-se com colher. Também é que, na roça, as refeições no campo são feitas com colher.

Osório, o mais velho, levantou-se e com a costumeira cortesia dos homens do campo convidou:

– Bons dias, senhor Joseval. Almoça com a gente?

Benício, o outro rapaz, confirmou:

– O pai fez uma mandioquinha com carne moída e angu que está uma delícia. Vou pedir para ele fazer um prato para o senhor.

– Bons dias, rapazes. Vocês são muito amáveis. Mas eu não vou almoçar agora, pois estou com pressa e precisando resolver uns casos na cidade. Aproveitei para vir aqui e convidar vocês dois para me ajudarem num servicinho.

A prudência, sempre a prudência, é companheira assídua dos homens da roça.

Os dois rapazes entreolharam-se, na hora.

De pé, parando de comer, aguardaram.

Joseval explicou:

– É coisa para um dia só...

Os jovens continuaram aguardando.

Joseval se manifestou:

– Espero vocês lá na minha fazenda, se puderem, hoje à noite. Vocês vão por conta própria e, depois do trabalho, eu os trago de volta.

Osório e Benício mantinham-se ainda mudos, só assuntando, como se diz na roça.

Joseval quis saber:

– Posso contar com vocês?

– Mas, qual é o serviço, senhor Joseval? – perguntou Benício.

– Lá em casa, eu explico. É que preciso de dois homens para me ajudar colocar um peso na minha camioneta.

Entreolharam-se os dois roceiros.

Joseval despediu-se deles e ia se retirando quando Osório inquiriu:

– Para colocar o peso na sua camioneta, à noite, o que o senhor vai colocar no nosso bolso?

Joseval não gostou do tom algo irônico e intimista do rapaz e apenas disse:

– Um salário-mínimo, para cada um.

Captando aprovação por parte dos rapazes, deu as costas e partiu.

Na mente de Joseval brotavam ideias, quase todas colidindo umas com as outras.

Nesse estado de agitação psíquica, não captou os sinais que o instinto de conservação lhe enviou, de que algo não estava muito bem naquele trato que acabara de fazer com os dois rapazes. Aliás, captar, captou, mas não deu ouvidos à percepção espiritual que alerta quem, de alguma forma, enveredam por descaminhos.

Dizem muitos que quem nessa hora fala é a voz da consciência...

Embora isso seja verdade, no mais das vezes, segundo os cristãos, quem oferta tais alertas é um anjo da guarda.

As horas, naquele dia, para Joseval, demoraram muito para passar. Mas, quando escureceu, convocou a esposa e os dois filhos e disse-lhes em tom misterioso:

– Vocês sabem que nós sempre fomos pobres e, às vezes, Deus nos dá essa vida para ver se nos revoltamos.

Os filhos iam perguntar algo, mas Joseval não permitiu, atalhando:

– Quando o pobre se comporta com humildade, o Céu reconhece isso e ajuda-o a melhorar de vida.

Abigail, Fabíola e Antero não entenderam nada do que Joseval dizia. E ele prosseguiu:

– Mas, sempre que essa ajuda vem "lá de cima", ela vem com algumas condições...

O mistério só serviu para aumentar ainda mais o desentendimento dos três.

– Chegou a nossa vez – prosseguiu Joseval – de ficarmos ricos!

As crianças arregalaram os olhos e olharam para a mãe, que, nervosa, apertava as mãos, uma na outra.

E Joseval explicou, enfim, por que convocara aquela reunião familiar:

– Como nós sabemos, o vizinho Amarildo achou uma pedra preciosa de grande valor. Como a natureza não faz só uma árvore, mas sempre uma floresta, também não faz só uma pedra dessas, mas sim muitas delas. Se as árvores são ajuntadas numa floresta, as pedras preciosas se espalham, pois elas foram feitas há tanto tempo, que as chuvas, as enxurradas, os transbordamentos dos rios, mexendo na terra, espalham esses tesouros.

Fabíola ficou gelada: entendeu que o irmão contara para a mãe, e esta para o pai, o segredo que ela jurara para Anita que iria guardar.

Joseval filosofou, após instantes de silêncio:

– Assim acontece porque o Altíssimo não dá só para uma pessoa todos os tesouros, mas quer que as pessoas que tenham merecimento recebam, cada uma delas, uma parte dessa bênção.

Era com a maior naturalidade que Joseval dissertava como "o Céu" procede... Diria, quem o ouvisse, ser um grande devoto...

Percebendo que a dúvida bailava nos olhos dos três ouvintes, interrogou-os:

– Eu disse que a ajuda dos Céus vem com condições. Sabem quais são essas condições?

Como as crianças e a esposa sinalizassem não saber, esclareceu de vez:

– Nada é dado sem o suor do rosto. Exige trabalho, dedicação e, mais que tudo, muito cuidado para não espalhar o recebimento desse presente, para não despertar inveja. Entenderam?

Começaram a entender. Pequeno gesto de concordância demonstrou-o. O que Joseval dissera trazia embutido profundo egoísmo, pois dissera que as bênçãos eram dadas para as pessoas com merecimento e agora recomendava que a família não deixasse a notícia vazar...

Por fim, contou:

– Hoje à noite, virão aqui em nossa fazenda dois rapazes, sobrinhos do Chico, para nós acertarmos um plano de busca do nosso tesouro.

Fabíola não se conteve e ousou interromper o pai:

– Puxa vida! Então nós vamos encontrar uma pedra igual à da casa da Anita?

– Mais ou menos, mais ou menos...

E complementou, num tom grave, determinando:

– Vocês não podem nem devem falar para ninguém uma palavra disso que estamos conversando agora. Para ninguém! – exclamou ameaçador.

Abigail também ousou perguntar:

– Por que à noite?

– Porque vou fazer uma primeira garimpagem aqui nas nossas terras e não quero que ninguém perceba.

Como as crianças o olhassem desconfiadas, mentiu:

– Fiz umas sondagens e creio que também sei onde há mais pedras preciosas...

Antero, ingênuo, questionou:

– Mas, pai, se o senhor vai garimpar à noite, como é que vai saber quando é que a pedra é de valor?

A pergunta pegou Joseval desprevenido. Pigarreou e logo se saiu com esta:

– Por isso é que chamei os rapazes. Onde a camioneta passar, eles, com o máximo cuidado para ninguém ver, estarão com lanternas, examinando o rastro no chão.

Joseval ia fazer mais recomendações, mas palmas denunciaram que alguém estava à porta. Eram os dois rapazes.

Fazendo um sinal para que a esposa levasse os filhos para o quarto, Joseval ainda colocou o indicador atravessado na boca, como a impor: "Silêncio! Nenhuma palavra!".

Cumprimentou os rapazes e lá da porta mesmo saiu com eles.

– Então? Vamos ao trabalho?

Levou um grande susto quando Benício, muito calmo, manifestou:

– Pelo jeito, o trabalho que o senhor quer que nós façamos tem de ser feito de noite. É isso?

Joseval anuiu.

– Então – sentenciou Benício – nós queremos saber, antes, do que se trata.

Joseval estava preparado:

– Convoquei-os, não para perguntas, mas para me ajudarem.

Olhando para Benício, falou em tom mais ou menos ríspido:

– Vocês não vão fazer o trabalho, como você disse, mas sim, ajudar-me.

– Muito bem –, interpôs Osório, acrescentando: – nós vamos ajudar o senhor a fazer o quê?

– Como disse, há um material pesado que eu quero colocar na minha camioneta...

Os dois roceiros, mais do que nunca, fazendo-se de sonsos, apenas com um olhar que trocaram, confirmaram as suspeitas que traziam de que alguma "coisa grossa" se escondia por detrás da proposta de Joseval.

E Joseval, percebendo que não poderia prosseguir escondendo a verdade, a qual, aliás, viria à tona assim que chegassem à pedra, lá na casa do Amarildo, esclareceu:

– Eu descobri uma pedra preciosa enterrada perto daqui. Quero ir até lá, colocá-la na minha camioneta e trazê-la aqui para minha casa.

– E por que não fazemos isso de dia? – inquiriu Benício, desconfiado.

– Você não ouviu o que eu disse? É uma pedra preciosa! E, como tal, se alguém vir de onde eu a tirei, isso aqui vai virar um formigueiro de aventureiros, querendo garimpar minhas terras.

Osório, intrigado, quis saber:

– Mas essa pedra preciosa é assim tão grande, que precisa três homens para carregá-la?

Joseval não se conteve e num rasgo de superioridade disse com algum desdém:

– Vocês não entendem de mineralogia: a pedra preciosa a que me refiro, está incrustada numa lasca de rochedo. Pesa muito o conjunto, mas a parte de valor, sei lá, talvez seja um décimo do peso total.

Os rapazes se conformaram, absorvendo "a aula":

– Ah! Então está bem.

– Vamos? – perguntou Joseval, mais mandando do que perguntando.

Foram até onde estava a camioneta, que logo Joseval pôs em funcionamento e, acomodando os rapazes, partiu dentro da noite rumo à fazenda de Amarildo.

Quando chegaram à distância de uns duzentos metros do local onde estava a pedra, Joseval desligou o carro e, falando baixinho, recomendou aos dois auxiliares que o seguissem. O veículo ficou estacionado num trecho de acostamento afastado da via asfaltada.

Cauteloso, Joseval usou um velho estratagema para impedir que suas pegadas denunciassem a direção da "Santa Teresinha": andou uns cem metros dentro do riacho e só dali dirigiram-se à Fazenda do Jatobá.

Logo avistaram a casa de Amarildo.

Joseval explicou que a pedra estava num buraco, no quintal daquela casa. Foi aí que os dois roceiros entenderam que aquilo que Joseval estava fazendo, com a participação deles, era um furto. Arrepiaram-se, no mesmo instante.

Benício não se conteve:

– Senhor Joseval, diga uma coisa para nós: o senhor quer que nós vamos até o quintal daquela casa e peguemos uma pedra que está lá e a levemos para o seu carro? É esse o trabalho para o qual o senhor nos contratou?

– Sim. Qual o problema?

Osório quase gritou:

– O que o senhor está fazendo é um crime. E quer nos transformar em cúmplices disso. O senhor está louco?

Benício homologou o que o irmão dissera:

– Eu não sou ladrão!

Aquilo ecoou como uma bomba na cabeça de Joseval.

Perdendo por completo o equilíbrio, agarrou Osório pela camisa e disse, rilhando os dentes:

– Eu não lido com homens frouxos! Chamei vocês porque pensei que queriam ficar ricos.

Na mesma hora, a poderosíssima força negativa da cobiça pela riqueza se apossou da mente dos dois rapazes que, prestes ao revide do gesto bruto de Joseval, contendo a reação, condescenderam:

– E aquela conversa do salário-mínimo?...

– Bobinhos – o tom, agora era de desafio e de completo domínio da situação –, eu só queria saber se vocês são machos mesmo e se queriam ganhar muito dinheiro.

Desafio por desafio, Osório não deixou por menos:

– E o senhor tem dúvidas dessas duas coisas a nosso respeito?

A pergunta era algo assim parecida com o desafio para um duelo, ou, pior, exigência de uma resposta que atenuasse a ofensa, sem o que provavelmente os rapazes teriam motivo para uma reação bem violenta...

Joseval captou que "escorregara", mas que atingira o alvo. Humilhou-se:

– Mas o que é isso? Claro que vocês são homens de verdade...

E emendou:

– ... vamos ao trabalho!

– Um momento – interrompeu Benício, já entrando no jogo de Joseval. – Qual a garantia de que nós vamos ficar ricos?

– A minha palavra não é o suficiente?

– Claro que é – atalhou Osório, também se humilhando um pouquinho pela dúvida que levantara contra Joseval, mas condicionando –, não se trata de desconfiança, mas como nós vamos nos arriscar, queremos uma garantia.

– Que garantia?

– O senhor nos dá alguma coisa como sinal – disse Benício –, porque, pelo que eu sei, esse negócio de pedra preciosa é muito complicado e demorado para virar dinheiro.

Osório, na hora, propôs:

– Nós levamos a pedra até sua casa. Mas aquele seu trator fica com a gente.

Referia-se a um trator usado que Joseval usava em sua fazenda.

– Acho que vocês não estão bons da cabeça. Como é que eu poderia ficar sem meu trator?

– Nós vamos ficar com ele – disse matreiramente Osório –, só até o senhor nos dar o dinheiro que nós queremos.

– Ah, é? E quanto é que vocês estão pensando em ganhar?

– Eu quero o valor do seu trator – falou Osório.

– E eu – aduziu Benício – o da sua camioneta.

Ali, dentro da noite, com a escuridão só amenizada pelas estrelas que lá do alto, mudas, a toda aquela infâmia assistiam, até os pirilampos se esconderam, os sapos e os grilos se calaram e a suave brisa se afastou.

Embora seus dois veículos fossem bastante usados, Joseval sentiu que aqueles roceiros queriam dilapidar seu patrimônio, o qual, diga-se de passagem, era pequeno: a fazenda, de pouca produção, a camioneta e o trator.

Sentiu profunda revolta e asco daqueles comparsas.

Mas já estava enredado. Eles agora sabiam que por aquelas bandas havia pedras preciosas e certamente não se contentariam com menos do que exigiam.

Só agora Joseval deu-se conta e percebeu, temeroso, que se envolvera num projeto perigoso... Mas, no ponto a que chegara a situação, era irreversível. Sem volta. Destinado a ir até o fim naquela empreitada, entendeu que não tinha alternativa.

Sentiu-se enrodilhado nas traiçoeiras tramas do destino.

Era ceder ou perder a fortuna que a sorte enviara.

Determinado a prosseguir, sua mente, embotada pela cobiça, não o deixou agir com o cuidado que seria necessário. Quase que por ato reflexo, decidiu:

– Está bem. Vocês levam o trator e o devolvem para mim quando eu vender a pedra, e, aí, dou o dinheiro do valor dos meus dois veículos.

Rápido, também, Osório exigiu:

– Ótimo. Então está combinado: como o senhor vai precisar da camioneta, nós levaremos o trator e quando o senhor nos pagar ele será devolvido.

Joseval, sem saída, concordou.

Naquele preciso momento, a cobiça apresentou ao "clube da pedra" mais dois sócios, cujas inscrições foram imediatamente aceitas.

Deslocando-se rastejantes dentro da noite, quais serpentes ocultas em meio a uma galharada, os três logo chegaram ao buraco onde a pedra deveria estar.

E, de fato, lá estava.

Joseval, além de uma lanterna, conduzia a duras penas uma barra de ferro para funcionar como alavanca na hora de erguer a pedra, que, sabia, ser pesada; Osório, uma pequena pá, utilizada em jardinagem e Benício, uma colher de pedreiro, além das enxadas para afastar os galhos e o barro.

Assim apetrechados, os três chegaram ao local da pedra.

Joseval iluminou o buraco e indicou aos auxiliares que retirassem as pequenas toras, os galhos e ramos que o cobriam.

O barro não deixava nada à mostra.

Joseval desceu ao buraco que Osório iluminava cuidadosamente. Começou a escavar com a mão o barro que encobria o tesouro. Logo sentiu que tocara na pedra. Não resistiu e, com um lenço, limpou um pedaço de uma das pontas para verificar se de fato a pedra era brilhante. Sentiu uma alegria inimaginável e instantânea quando o luar se refletiu naquele bloco granítico. Isso lhe provocou desconhecido êxtase, e a mente confirmou que encontrara, naquele brilho, ali no meio de toda aquela lama, a iluminação do seu futuro: a fortuna.

De forma similar, contagiante, o mesmo se passou na mente dos dois irmãos.

Sinalizou para os dois auxiliares descerem ao buraco para com ele escavarem ao redor, até pôr a pedra toda a descoberto. Todo o desforço empregado, bastante desagradável, para os três se mostrou extremamente prazeroso, pois os motivava a ânsia da riqueza.

Nem meia hora se passara e, com a força e o grande esforço dos três homens, a pedra deixou seu ninho, onde repousara, quem sabe, por quanto tempo? Mil anos? Um milhão de anos? Um bilhão? Quem sabe?

Se para se deslocarem da camioneta até o buraco havia sido custosa a vinda, agora a volta se mostrou imensamente mais difícil, pois levavam a pesada pedra, retornando a caminhada dentro do riacho, naquele mesmo trecho de mais ou menos cem metros. Como eram três, todos saudáveis e fortes, conseguiram finalmente colocar o tesouro na carroceria do veículo, que tomou a direção da cidade.

O furto foi efetivado com grande cuidado e em silêncio.

Mas cada um dos três ladrões "ouvia na alma" um ruído infernal de chamas crepitantes que ardiam queimando o infindável combustível da ambição pela riqueza.

Joseval planejara cuidadosamente todos os detalhes daquela operação, para ele normal, isto é, não delituosa. Fizera-se surdo a quaisquer alertas da consciência, quanto ao caráter criminoso do que pretendia fazer, e agora já feito: realizar um furto, ainda mais de um amigo de muitos anos.

De fato, sobre consciência, pensava: "A vida é para os mais espertos e não para os que perdem as oportunidades". Homologando esse falso conceito, relembrava e dizia para si mesmo:

"Meu avô e meu pai sempre diziam que a sorte é um cavalo puro-sangue que passa arriado na sua frente só uma vez na vida, e quem não o monta perde a ocasião de um galope rumo ao sucesso, para sempre".

De repente, com a pedra na sua camioneta e acompanhado dos dois comparsas, deu-se conta de que levar a pedra para sua fazenda, como estava decidido a fazer, era uma ideia arriscada, pois dali a horas, quando Amarildo percebesse que a pedra desaparecera, certamente iria à polícia, que realizaria buscas pelas redondezas.

Pensou: "onde, em primeiríssimo lugar, os policiais procurarão pela pedra?".

A resposta era contundente: "na minha fazenda".

Deu-se conta de que não poderia levar a pedra para lá.

E, se não podia levar a pedra para seu território, onde escondê-la, com segurança?

A resposta, também era óbvia: "fora das minhas terras, mas em lugar onde não corresse risco de ser roubada".

Isso sinalizava apenas para uma direção: os dois irmãos...

O momento, o lugar e a situação não permitiam vacilações.

A decisão foi rápida. Disse para os dois:

– Vamos levar a pedra para a sua roça. Se ficar comigo, logo que o dono daquela casa acordar e verificar que a pedra não está mais lá, irá direto à polícia.

Naquele momento, naquele lugar e naquela situação, a palavra "polícia" alcançou os dois irmãos, que então se deram conta de que, na verdade, tinham mesmo cometido um crime.

E, pior, caracterizando formação de quadrilha. Mas também raciocinaram que não poderiam ser vacilantes. Sagazes, questionaram, quase a uma só voz:

– Isso muda tudo...

– "Tudo" o quê? – redarguiu Joseval, irritado.

Foi Osório quem respondeu:

– O senhor não havia dito que a pedra ia ficar escondida lá em casa...

– Vai ser por pouco tempo...

– É... Mas na vida, num segundo, tudo pode mudar...

– Afinal, o que vocês querem?

Osório olhou para Benício e, como se lesse o pensamento do irmão, disse, calmo:

– Nós três estamos envolvidos nesse lance e o que acontecer com um acontecerá com os outros dois, seja para o bem ou para o mal.

Joseval percebeu que sua situação era como se estivesse com uma perna atolada em areia movediça...

Tentou salvar-se:

– Nós combinamos que vocês receberão o valor dos meus dois veículos e, se aceitaram, não podem me trair agora.

A palavra "traição" é sempre muito pesada e traz consigo um fortíssimo componente negativo, predisposto a elevar temperaturas íntimas das pessoas, principalmente se agentes em equipe de algum crime. Com agravante se tal palavra é dita durante a ação criminosa, uma vez que tais criminosos encontram-se em condições negativamente aceleradas, sem juízo normal.

Benício, aproximando o rosto do de Joseval disse, com raiva:

– O senhor tem um jeito estranho de falar e eu não estou gostando disso. Já não é a primeira vez que duvida de que eu e meu irmão sejamos "machos".

Joseval contemporizou:

– Eu não quis ofender nenhum de vocês. Quando fui convidá-los para essa empreitada, demonstrei claramente que confio nos dois. Poderia convidar outros, mas pensei só em vocês. Assim, não é hora para melindres. Temos de agir e rápido.

Osório concordou:

– Ficar aqui discutindo nessa escuridão não vai adiantar nada. Precisamos logo chegar a um acordo, e de forma que todos fiquem satisfeitos.

Joseval cometeu um perigoso deslize, ao perguntar:

– O que vocês propõem?

Era a deixa que os irmãos aguardavam, ou melhor, que haviam construído:

– Sociedade! – exclamou Benício.

– O quê? Vocês estão loucos? Como sociedade, se eu sou o dono da pedra?

Osório, sempre mais comedido, apenas completou:

– Na sociedade que propomos, o senhor fica com a metade da pedra e a outra metade é nossa. E não tem mais volta, pois o que está feito está feito.

Joseval entendeu que não era hora para mais discussão. Anuiu:

– Está bem. Mas eu é que vou administrar a venda da pedra.

– Tudo bem, tudo bem – concordou Benício, complementando – tenha a certeza de que nós estaremos por perto, sempre, ajudando o senhor...

Em outros termos, isso significava: "Nem pense em nos enganar, pois acompanharemos todos os seus passos na comercialização da *nossa pedra*".

Uma hora depois, antes de o Sol começar a iluminar tudo por ali, menos a alma dos três gatunos, a pedra foi escondida no meio de um mato alto, na roça dos irmãos.

Agora, como a pedra estava com eles, não houve mais necessidade da "garantia", isto é, um dos veículos de Joseval ser deixado ali.

Antes de deixar aquele local, Joseval recomendou:

– Para todo mundo que quiser saber, jamais digam que estiveram comigo ou que saíram esta noite. Confirmem apenas, inclusive para o seu tio Chico, que antes do almoço, ontem, eu vim aqui para convidá-los para ajudar na colheita do meu milho, que já está próxima. Isso porque, como sempre, sozinho, o Chico não vai dar conta e eu contrato gente avulsa.

– Combinado, patrão – disseram os irmãos.

Joseval chegou a casa bastante agitado, muito sujo de barro.

Lavou-se como pôde e foi dormir.

Mas não conseguiu. Remoendo as ações e contrariado pela "sociedade" na pedra, fato absolutamente inesperado, começou a elaborar novo plano: como ficar com a pedra só para ele, "como era de direito", descartando os dois roceiros que o obrigaram a fazer aquela "suja" repartição.

O dia amanheceu e nenhum plano conseguiu ser delineado.

Estava ainda deitado, quando ouviu fortes pancadas na porta de entrada.

Ele, a mulher e os dois filhos, assustados, correram a ver quem era.

Era Amarildo. Em visível estado de choque. Lívido, trêmulo, balbuciante, perguntou, sem nem mesmo dar bom-dia:

– Minha pedra foi roubada! Vocês não ouviram ou viram quem foi?

Joseval, fazendo-se de desentendido, com cinismo, tentou acalmar o vizinho:

– Entre, Amarildo, e explique para nós do que se trata. Pedra? Sua pedra? Do que você está falando?

Joseval, a esposa e os filhos sabiam, perfeitamente, do que o homem falava... A esposa e os filhos olharam interrogativamente para o chefe da casa. Esse olhar, furtivo e mais rápido do que a luz foi um sinal de que a honestidade do chefe da casa, até então sólida, ali se trincou.

Amarildo estava descontrolado e não percebeu esse olhar, denunciador, mas ainda formulou uma débil explicação:

– Descobri uma pedra nas minhas terras e, como ela é preciosa, eu estava aguardando uma oportunidade de ir depositá-la num banco, em segurança...

– Pedra preciosa? Por aqui? Que bom, hein, compadre? E quando foi isso?

Novamente a esposa e os filhos olharam para Joseval, em repreensão silenciosa à sua postura cínica...

Mesmo perturbado, a Amarildo dessa vez não escapou a percepção de que Joseval se expressava como se soubesse algo a respeito da pedra. E não só Joseval, pelo jeito, toda a família...

Muitas são as pessoas que acreditam piamente que, em lances tais, há sempre forças ocultas insuflando ideias, assoprando nos ouvidos dos envolvidos... Será?

Outra constante, esta real, é que em todos os casos de furto, a vítima (o dono do bem furtado) começa a conjeturar "quem" poderia ser o ladrão. E, aí, passa a desconfiar de todos à sua volta. De todos!

Sem responder às perguntas, o fato é que Amarildo foi objetivo:

– Hoje de manhã, quando acordei e fui verificar, percebi que a pedra foi furtada durante a madrugada.

– Mas, compadre, alguém roubou essa tal pedra e você vem logo aqui?

A pergunta continha uma repreensão, que Amarildo logo dissipou:

– Como vocês são meus vizinhos mais próximos, vim primeiro aqui, pois quem sabe ouviram alguma coisa...

Joseval, demonstrando aborrecimento, foi até um pouco rude:

– Olha aqui, compadre, é muito cedo e a gente ainda nem tinha acordado. Vamos tomar o café da manhã e depois você explica melhor esse negócio dessa pedra.

Amarildo rejeitou o convite:

– Se vocês não sabem de nada e também não ouviram nada durante a noite, que foi quando a pedra foi furtada, então nada mais tenho a fazer por aqui.

Olhou para toda a família e sentenciou, com velada admoestação, dando a entender que não acreditava neles...

– Vou falar com os vizinhos mais afastados e se eu mesmo não descobrir os ladrões, a polícia decerto fará isso.

Completou, olhando firme no olho de Joseval:

– Quando eu pegar esses ladrões, ai deles...

As palavras de Amarildo tinham várias insinuações: para ele, considerando o peso da pedra, ninguém poderia realizar o furto sozinho, precisando de comparsas. Por esse motivo usara o plural "ladrões". E, de mais a mais, bem se lembrava de que, na manhã em que inspecionava a árvore que caíra durante a madrugada, recebera a visita de Joseval, que se mostrou curioso, lançando olhares em direção ao buraco do jatobá.

E, mais forte ainda, por que a esposa e os filhos de Joseval olharam daquela maneira para ele?

Crente de que naquela casa estava a resposta à pergunta de quem furtara seu tesouro, saiu também sem se despedir, não cumprimentando a família, da mesma forma que fizera quando chegara, não sem antes lançar sobre Joseval outro olhar fixo, agudo, acusador.

Quando Amarildo se afastou, Abigail inquiriu o marido:

– Joseval, você tem algo a ver com isso?

– Mas o que é isso agora? Acha que eu sou ladrão?

– Não é isso que estou dizendo. É que o compadre, quando foi embora, o olhou de um jeito que eu fiquei com muito medo.

Fabíola não se conteve e acrescentou:

– Pai, o senhor disse para nós, ontem à noite, que ia garimpar, junto com dois rapazes, e logo agora de manhã, o senhor Amarildo vem aqui e diz que ladrões roubaram a pedra dele...

Joseval não se controlou e pegando no braço de Fabíola, com brutalidade, disse com a voz entrecortada:

– Se vocês disserem uma só palavra sobre isso...

Os três entenderam a ameaça.

Estava inaugurada, naquele preciso momento, a intranquilidade naquele lar, onde talvez permanecesse para o resto da vida da família. E o mais grave é que Joseval, dali para a frente, não teria mais o respeito da esposa e dos filhos, o que traz sempre consequências devastadoras...

Joseval saiu rápido de casa, ainda em jejum e foi até a plantação de milho, onde Chico já estava carpindo. Cumprimentou o empregado:

– Bom dia, Chico. Como está?

– Bom dia, patrão. Estou bem, obrigado. O senhor está bem?

– Tudo ótimo. Quero pedir um favor.

– O que o senhor quiser. O senhor manda, patrão.

– É o seguinte: estive com seus sobrinhos, ontem pela manhã, quando fui à cidade, e ofereci a eles que, na época da colheita do milho, poderiam vir ajudá-lo.

– Oh! Que bom. Eles precisam mesmo ganhar algum dinheirinho.

– Pois é. Só que o favor que eu preciso que você me faça é não contar para ninguém que eu fiz esse convite a eles. Senão, outros candidatos vão começar a aparecer por aqui e aí a gente não vai ter sossego. Qualquer pessoa que pergunte a você se me viu com alguém, diga que eu não saí daqui da fazenda e que ninguém veio me visitar.

– Pode deixar, patrão. Para ninguém vou contar que o senhor fez o convite a eles.

Chegando a casa, após a rápida e angustiosa visita que fizera a Joseval, Amarildo foi até o buraco onde deveria estar a sua fortuna. Não se conformava de não mais vê-la ali.

Mesmo tendo se demorado no local, voltou a analisar cuidadosamente os mínimos detalhes, na esperança de encontrar alguma pista quanto ao furto.

Indo para lá e para cá, rodeando sem parar o buraco, percebeu que havia muitas pegadas humanas lá dentro. Em sobressalto, que fez seu coração quase disparar, identificou que as tais pegadas, saindo do buraco, tomavam uma só direção. Seguiu as pegadas e observou que quando chegavam ao riacho elas desapareciam. Indo até o asfalto percorreu a estrada, à esquerda e à direita. Foi quando notou que rastros de pneus denunciavam trânsito de um veículo que, vindo da Fazenda Santa Teresinha, estacionara no acostamento e depois fora em direção à cidade.

Afobado, adentrou sua casa e perguntou a Jandira:

– Você não vai acreditar o que descobri!

– E o que foi?

– Já sei quem roubou minha pedra! Foi o Joseval.

– Nossa! Como é que você descobriu isso?

– No chão, um pouco longe daqui, tem marcas de um carro que veio lá da fazenda dele e depois foi para a cidade.

– Isso não prova que foi ele...

– A polícia é que vai decidir isso. Vou agora mesmo dar queixa.

Foi à delegacia, prestou queixa, lavrou um boletim de ocorrência, versando sobre "furto de pedra preciosa". Citou Joseval como o principal suspeito. O único, aliás.

Amarildo foi convidado por Osvaldo, o investigador de plantão, para acompanhá-lo, naquele momento mesmo, à casa do "suspeito". Aceitou e partiram.

Sem nenhuma atividade no momento, o policial trazia uma pergunta bailando na mente: "Se de fato há naquela fazenda uma pedra tão valiosa, devem existir outras espalhadas por ali; talvez seja de bom palpite comprar uns terreninhos por ali e garimpar, para ficar rico".

Mais uma inscrição apresentada ao "clube da pedra"...

Quando saíram da delegacia, Agostinho, o escrivão que digitou a queixa, imediatamente pesquisou na Internet sobre "pedra preciosa de cor roxa". Encontrou informações e detalhes sobre tal pedra, denominada *ametista*: o nome vem do grego e provavelmente, significa não bebido ou ainda não ébrio em razão, provavelmente, de sua história na mitologia. Não se deu ao trabalho de aprofundar pesquisas. Vendo na tela do computador as belíssimas joias que empregavam ametistas, ficou fascinado. Lembrando-se de que o queixoso declarara que a pedra que roubaram dele pesava mais de cinquenta quilos, imaginou-se dono de uma pedra daquelas proporções, sendo dividida em milhares de pedaços e, depois de lapidadas, empregadas em joias de alto valor.

Naquele preciso momento o "clube da pedra" recebeu novo pedido de inscrição...

O escrivão, com efeito, ficou bastante curioso em, de início, ver a tal pedra e, sobretudo, quem sabe, obter uma igual ou maior, que lhe desse lucro e riqueza. Pensou: "Vou dar um jeito de me aproximar dessa fazenda". E fez graça mental para si mesmo: "o mais pertinho que puder".

Quando o delegado chegou para trabalhar, vindo de uma visita que fizera numa empresa, conheceu a queixa de Amarildo e interessou-se por ela. Interrogou Agostinho:

– Que história é essa de furto de pedra preciosa de mais de cinquenta quilos?

O escrivão não teve como ocultar e disse, como quem não se interessara nem um pouquinho com aquele caso:

– Nada muito importante, doutor Valdir. Trata-se de um caipira que veio aqui de manhã dizendo que encontrou uma pedra roxa muito pesada e que foi furtada. Declarou que desconfiava que o ladrão era o vizinho.

Valdir, perspicaz, resmungou algo e perguntou:

– O homem estava nervoso?

– O senhor nem queira saber! Estava furioso.

– Onde está o Osvaldo?

– Foi lá à fazenda do queixoso para diligenciar.

Valdir captou na hora que se Osvaldo se interessara tão depressa por aquele caso, talvez a queixa tivesse fundamento...

Devaneou: "E se de fato lá foi encontrado um tesouro?".

Nesse preciso momento, um novo sócio foi admitido no "clube da pedra", pois, qual um relâmpago, passou-lhe pela mente a possibilidade de lucrar com aquilo. Sem saber como, mas de alguma forma, lucrar.

Quando a consciência adverte que tal ou qual pensamento não é bom, e é ouvida, ocorre sempre um momento de evolução.

Foi isso mesmo que ocorreu com Valdir. Assim como tão rápido como um raio teve cobiça, mais rápido ainda do que esse raio, se possível fosse, sua formação moral produziu um novo pensamento:

– Deus sabe o que faz... Se o caipira descobriu uma fortuna lá na sua fazenda é para ele mesmo que a natureza fez a tal pedra.

E assim, tão logo após ser admitido no "clube da pedra", mediante o poderoso aval da cobiça, Valdir foi demitido, no instante seguinte, sob o império muitíssimo mais forte do respeito ao próximo – e às decisões divinas.

Desenganos

A PERTURBAÇÃO entrou "com tudo" na vida dos moradores dos dois lares.

Antes de ir à fazenda de Joseval, para as primeiras investigações daquele caso, Osvaldo solicitou a Amarildo que primeiro precisava conhecer o local onde se dera o furto.

Assim, Amarildo levou o investigador até sua fazenda e foi quase aos pulos até o buraco onde encontrara a pedra.

Osvaldo mostrava-se bastante solícito com o fazendeiro, entre um e outro comentário apoiando-o, dando a impressão de que tudo faria para que a pedra retornasse às mãos do legítimo dono:

– O senhor pode ficar tranquilo, pois não descansarei enquanto não colocar na cadeia os ladrões da sua pedra. Contudo, preciso que o senhor confie em mim, não escondendo nenhum detalhe de como tudo aconteceu.

Amarildo, de boa-fé, narrou desde a tempestade que tombou o jatobá, não se esquecendo até de contar o sonho de Anita.

Aliás, esse detalhe, aparentemente insignificante, causou intensa cobiça na mente de Osvaldo, pois vislumbrou que a tal pedra poderia mesmo ser "mãe" de centenas de joias valiosas.

Amarildo narrou a Osvaldo que na manhã do furto notara pegadas no local da pedra e marcas de pneus "nas proximidades"; as marcas vinham da Fazenda Santa Terezinha e depois iam na direção da cidade.

Na verdade, no local não restaram quaisquer vestígios que pudessem indicar a quem quer que fosse, perito ou não em investigações, quem, quando e como a tal pedra foi retirada dali.

O investigador, no entanto, examinou tudo detalhadamente na região da árvore tombada, tirando várias fotografias e anotando num caderninho várias observações.

Amarildo, xucro e ingênuo, atribuiu tais registros como alta competência por parte do policial, com o que se sentiu em parte aliviado.

A seguir, fazendo ar de mistério, Osvaldo sugeriu ao dono da fazenda que fizessem uma vistoria mais ampla nas terras dele. Falando baixinho, como se houvesse testemunhas por perto, num gesto simbólico de grande cuidado aconselhou:

– Vamos fazer uma caminhada aqui na sua fazenda, para ver se descobrimos mais algumas pistas.

O investigador "já conseguira" pistas...

Amarildo cada vez mais se entusiasmava com a desenvoltura daquele policial tão dedicado e tão inteligente.

Mas Osvaldo queria mesmo era ver se descobria pistas, não relativas ao furto, mas sim, quanto à eventual existência de outras pedras.

Não sendo geólogo, nada apurou.

Em meio à caminhada, Amarildo mostrou a fazenda de Joseval, e Osvaldo, na mesma hora, tirou várias fotos de lá, ainda que distante.

Amarildo, já entrando em euforia, certo de que Joseval era o ladrão e que o policial ia prendê-lo, apontou para aquela direção e convidou:

– Então, doutor Osvaldo, vamos lá prender o ladrão?

O "vamos" até parecia que, também ele, Amarildo, era policial e o "doutor" era rápida e indevida promoção ao investigador, que até gostou.

Osvaldo, sempre falando baixinho e pedindo cautela, respondeu:

– O senhor não pode aparecer comigo lá na casa do seu amigo. Até imagino que, talvez, ele tenha nos visto juntos e por isso não é prudente sua presença.

Refletiu um pouco e emendou:

– Aliás, para entrarmos lá na casa dele e fazermos uma vistoria completa, precisamos de uma autorização judicial.

Um tanto desapontado, Amarildo perguntou:

– E quando é que o senhor vai conseguir essa autorização?

– Tenho outros casos em andamento. Mas vou dar prioridade para o senhor. Para tanto, conto com sua colaboração.

– Claro, claro. Tudo o que o senhor quiser.

– Terei de deixar algumas investigações em segundo plano e, para isso, precisarei me deslocar por algumas cidades aqui perto. Vou no meu carro e, assim, se o senhor quiser colaborar "com a gasolina", eu aceito.

– Quanto o senhor precisa?

Osvaldo citou uma quantia que dava para encher três vezes o tanque de combustível do seu carro, e Amarildo se apressou em buscar a quantia, retirando-a de uma pequena bolsa escondida no seu quarto.

Embolsando o dinheiro, o investigador recomendou absoluta discrição, despediu-se do fazendeiro e retornou à delegacia. Prestou contas ao doutor Valdir da sua saída, omitindo o detalhe do "dinheiro para a gasolina".

Com naturalidade opinou:

– Ela acha que o vizinho furtou a pedra, que imagina ser preciosa. E como, de fato, só esse vizinho teve oportunidade de saber sobre o achado, talvez ele tenha razão. Se o senhor estiver de acordo, penso que seria bom uma visita à fazenda desse vizinho, para tentarmos conseguir alguma prova, ou mesmo para o interrogarmos e, quem sabe, talvez o furto seja esclarecido?

– Esse caso, aparentemente simples, pode se transformar numa bola de neve...

– Como assim, doutor Valdir?

– Quando a notícia do encontro de uma pedra preciosa tão grande se espalhar, já imaginou o que vai acontecer por estas bandas? – ao que ele mesmo respondeu: – Um enxame de aventureiros e desocupados correrão para aqui.

– E o que o senhor acha que devemos fazer para evitar isso?

– O mais urgente é determinar o paradeiro dessa pedra para uma real avaliação do seu valor. Se de fato for muito valiosa, como o fazendeiro está imaginando, nada poderemos fazer, pois é ideia geral de que se um raio não cai no mesmo lugar, pedras preciosas, ao contrário, não existem solitariamente, isto é, onde uma é encontrada, outras ali estão.

Esse era exatamente o pensamento de Amarildo e Joseval, dos policiais Osvaldo e Agostinho, dos irmãos Benício e Osório.

Valdir pensou em voz alta:

– Vou conversar com o juiz e pedir a licença para uma vistoria nas duas fazendas.

– Ué, por que o senhor quer vistoriar a fazenda do Amarildo?

– Foi lá que tudo começou, e como você não conseguiu nenhuma pista, primeiramente, interrogaremos a família de um e, depois, a do outro. Provavelmente, descobriremos se, de fato, o vizinho que está sendo acusado sabia da existência da pedra.

Complementou seu raciocínio:

– Se a pedra foi achada sem que ninguém, além da família, soubesse disso e, em menos de dois dias, foi furtada, certamente não houve tempo para muitos conhecerem esse achado. Assim, é bem provável que alguém mais próximo do local, sem ser a família, seja mesmo o ladrão.

Ainda conjeturou:

– E sobre esse alguém caem de fato as primeiras suspeitas, por ser conhecedor do terreno e das particularidades da família.

Com essa Osvaldo não contava. Nem imaginara esse raciocínio, simples e lógico, ou ainda, “elementar”, como diria

Sherlock Holmes, modelo de detetive amador, como personagem principal dos romances de *sir* Arthur Conan Doyle, romancista inglês (1859-1930). Sempre que expunha seu pensamento lógico ao seu auxiliar Watson, dizia: "Elementar, meu caro Watson, elementar".

De alguma forma, na mente do investigador acendeu uma luz amarela, indicando atenção e a possibilidade de seu plano de ficar rico abortar.

Por uma dessas coincidências do destino, o telefone tocou e o escrivão atendeu. Logo repassou para o delegado, informando:

– É o juiz.

Valdir teve uma grata sensação e atendeu. O juiz queria que ele comparecesse ao fórum para alguns esclarecimentos de um caso.

Tendo atendido à convocação do magistrado, quando retornou, Valdir trazia em mãos a autorização para busca, vistoria e interrogatório das duas famílias.

De posse de tal documento, dirigiu-se sozinho às fazendas. Foi primeiro à casa de Amarildo, sendo recebido com muita alegria. Cumprimentou-o:

– Boa tarde, senhor Amarildo. Sou o delegado Valdir e estou aqui com autorização judicial para uma entrevista com o senhor e sua família. O senhor tem algo a se opor?

– Boas tardes, doutor. De forma alguma. Pelo contrário, é um prazer a sua visita e o que pudermos fazer, conte conosco. Vamos entrar.

Após se acomodar na pequena sala da entrada da casa simples, Valdir iniciou sua investigação. Solicitou a Amarildo que fossem ouvidos todos da família, mas um de cada vez e sem a presença dos demais.

Tendo Amarildo concordado e pedido a Jandira e a Anita que ficassem no quarto, Valdir iniciou sua sindicância:

– Muito bem. Então o senhor achou uma pedra aqui na fazenda e essa pedra foi furtada. O investigador Osvaldo já me contou vários detalhes desse achado, bem como de que houve o furto e que o senhor desconfia do seu vizinho, Joseval. É isso?

Amarildo, detalhadamente, contou tudo para o delegado, da mesma forma como fizera de manhã, para Osvaldo.

Ao finalizar, comentou ingenuamente:

– Como o investigador Osvaldo vai precisar fazer umas viagens, para atender a alguns casos que está cuidando, pediu-me para colaborar com a gasolina para o carro dele e eu lhe dei trezentos reais.

Valdir, acostumado com interrogatórios e respostas inesperadas, não se deixou trair. Embora ficasse surpreso e aborrecido com esse comportamento do subordinado, até então inédito para seu conhecimento, não deixou transparecer. Mas, intimamente, na mesma hora, depreendeu que Osvaldo transgredira normas da boa conduta, humana e policial. E que, doravante, seria necessário prestar mais atenção às atitudes dele, para coibir sua repetência, pois a delegacia possuía veículo oficial e o combustível era bancado por verba municipal, por deferência do prefeito da cidade.

Dispensando Amarildo, Valdir entrevistou Jandira com muito cuidado, a qual nada disse diferente do que informara o marido.

A seguir, com tato e delicadeza, conversou com Anita, para o que, agora sim, pediu aos pais que ficassem na sala.

Disse com bondade:

– Minha filha, eu também tenho uma menina, mais ou menos da sua idade. Ela se chama Eveline.

Anita descontraiu-se na mesma hora:

– Eu conheço a Eveline. Ela é da minha classe e, de vez em quando, nós formamos duplas, nas aulas de educação física.

– Que bom! Eu vim aqui como amigo, para ajudar seu pai, sua mãe e você a resolver essa questão da maravilhosa descoberta da grande pedra. E, pelo que ouvi dizer, até fiquei sabendo que você sonhou com isso, não é isso mesmo?

Anita se descontraiu mais:

– É sim.

– Conte-me como foi esse seu sonho.

Anita, emocionada, contou detalhadamente sobre o sonho. Percebendo que a menina estava bem à vontade, Valdir, cautelosamente indagou:

– Quando a gente precisa corrigir alguma coisa errada, nada melhor do que a verdade, não é mesmo?

Sem aguardar resposta, emendou:

– Tudo o que nós estamos conversando aqui, ficará em sigilo, pois, quando alguém faz essa coisa feia, que é furtar, como no caso da pedra de vocês, não é prudente que os procedimentos da polícia sejam divulgados, para não atrapalhar a solução desse furto.

Deixando a menina pensar um pouco, indagou:

– Já conversei com seu pai e sua mãe. Percebi que eles são bons pais e que gostam muito de você. Agora só me falta saber uma coisinha, que eu quero perguntar a você. Será que você me ajuda?

Um pouco receosa, já não tão à vontade, Anita concordou e Valdir perguntou, de chofre:

– Você contou para alguém sobre a descoberta do seu pai?

Anita ficou vermelha e começou a chorar.

Jandira abraçou-a carinhosamente, acolhendo-a no peito.

Amarildo tomou a dianteira:

– Minha filha, não chore. Papai já perguntou isso mesmo para você. Eu não vou ficar bravo se você responder para o doutor e se mentiu para mim.

Anita soluçava forte. Valdir levantou-se e, com muita leveza, passou a mão sobre a cabeça dela, dizendo:

– Sua bobinha, não precisa chorar. Quem é que nunca disse uma mentirinha? Se você contou para alguém, não fez nada errado e ninguém vai condená-la por isso. E se não contou, eu vou embora.

Intuitivo, lembrando-se do sonho da menina, reforçou:

– Até seria natural que você já tivesse contado sobre o sonho para alguém, depois teria apenas confirmado a realidade.

Paternal, falando com a menina, mas olhando energicamente para os pais, encorajou-a:

– Seus pais são bons e nem se pensa que vão castigá-la, se souberem que você contou o achado da pedra para alguém.

Amarildo e Jandira, quase que a uma só voz, disseram à filha:

– Não chore não, filha. O doutor Valdir só quer achar a pedra para nós.

Entre arrependida, embaraçada, e agora um pouco mais confiante, Anita desabafou:

– Aquela traíra da Fabíola! Nunca mais conto nenhum segredo para ela. Nunca mais converso com ela!

Sem entender, Valdir olhou para o casal, como que pedindo uma explicação, algo assim como: "quem é Fabíola?".

Jandira atendeu-o:

– Fabíola é a melhor amiga dela. É filha dos vizinhos.

Valdir captou naquela revelação um fortíssimo indicativo de que o vizinho era mesmo suspeito do furto. Acarinhou mais uma vez Anita e deixou a casa, antes recomendando aos três:

– Todos nós já vimos como segredos se desmancham como gelo ao Sol. Assim, por favor, não comentem com ninguém minha visita e tudo o que conversamos.

Dirigindo-se especificamente a Anita:

– A decepção com sua amiguinha vai passar. Ninguém neste mundo é perfeito. Ninguém! Tanto você não devia contar para ela, quanto talvez ela não soube guardar o segredo, não é mesmo?

Sábias e pacificadoras palavras.

Infelizmente, na alma de Anita, um vulcão começou a se manifestar, cujas lavas queimaram seus sentimentos de amizade com Fabíola.

Muitas são as inimizades que se tornam duradouras, porque, na origem, falta um pingo de sensatez, para dizer o menos, ou de grandeza, para dizer o mais.

Saindo dali, Valdir dirigiu-se à casa de Joseval. Foi recebido com muita frieza.

Já esperava por isso.

Sem se perturbar, apresentou-se, cumprimentou Joseval, que o atendeu à porta de entrada, sem convidá-lo para entrar:

– Boa tarde. Preciso conversar com o senhor Joseval e se possível, com sua família.

– O senhor pode me dizer qual o motivo da sua visita?

– Claro. Vim aqui fazer algumas perguntas sobre uma queixa apresentada por seu vizinho, referente ao furto de uma pedra preciosa que ele teria encontrado nas terras dele.

Ainda sem convidar o delegado para entrar, Joseval aborreceu-se:

– Ora, ora, se o vizinho encontrou uma pedra e ela foi roubada, o que é que eu tenho a ver com isso? E ainda mais minha família também? Faça o favor, doutor. O senhor não é bem-vindo.

– Desculpe-me, se não disse antes, até porque o senhor sequer convidou-me para entrar em sua casa, mas eu não vim fazer uma visita, e sim realizar uma investigação policial, pois o senhor foi acusado de ser o ladrão.

– Isso é um absurdo! Não admito uma acusação como essa! Conheço meus direitos e vou contratar um advogado para abrir um processo de queixa-crime contra aquele infame do Amarildo.

– O senhor tem todo o direito de tomar as providências que julgar necessárias para sua defesa. Quanto à minha tarefa aqui, estou com um mandado judicial autorizando uma vistoria na sua casa.

Joseval ficou lívido. Valdir disse calmamente:

– O senhor autoriza minha entrada na sua casa, para dialogarmos, ou prefere que eu venha com uma força policial para levá-lo à delegacia?

Acuado, Joseval anuiu, bastante contrariado:

– Pode entrar. Mas espero que não demore muito, pois não estou gostando nada disso.

Valdir entrou e, da mesma forma como havia feito com a família de Amarildo, conversou com cada um dos moradores daquela casa. Com os adultos, em separado, e com as crianças, na presença dos pais.

Joseval negou energicamente ter conhecimento do achado da pedra, antes do furto, que ficou sabendo pela visita do investigador Osvaldo. Abigail, sua esposa, titubeante, idem.

Mas tanto Antero quanto Fabíola, com medo, contaram para o delegado que, de fato, souberam, no mesmo dia, sobre o grande achado.

Fabíola disse que contou para o irmão o segredo de Anita.

Antero, por sua vez, confirmou que contou à mãe antes de dormir. E que agora estavam sabendo do furto.

Joseval, nervoso e agitado, comentou:

– Agora me lembro de ter ouvido alguma coisa parecida, mas não dei a mínima e por isso esqueci...

Valdir, antes de se retirar, reuniu a família na sala e disse para todos, idêntica recomendação à feita na casa de Amarildo:

– Peço, por favor, que não comentem sobre esta investigação.

Olhando os pais de Fabíola e Antero, lançou uma repreensão e uma advertência-conselho ao casal:

– É estranho que vocês, os adultos, tenham se esquecido de uma coisa dessas. As crianças foram sinceras e narraram apenas o que sabiam. Espero que não sejam castigadas por isso, até porque merecem o meu aplauso. Voltarei aqui outras vezes, pois este caso está apenas na fase preliminar. Até logo.

Retirou-se, com forte pressentimento de que, realmente, Joseval tinha algo a ver com o furto da pedra, pois soube no mesmo dia do seu achado e mentiu. Deixava a fazenda, quando notou um homem trabalhando com enxada. Parou o veículo, desligou-o e dirigiu-se ao trabalhador rural:

– Olá, meu amigo, boa tarde!

– Boa tarde, doutor.

– Meu nome é Valdir e eu sou delegado de polícia da cidade.

– Muito prazer. Meu nome é Francisco, mas o pessoal por aqui me chama de Chico.

– Muito bem. Há quanto tempo você trabalha aqui?

– Faz muito tempo, doutor. Coisa para mais de uns dez anos.

– Você conhece o vizinho, o senhor Amarildo?

– Conheço, sim. É gente boa.

– Você ficou sabendo que, anteontem, ele achou uma pedra preciosa, bem grande, lá nas terras dele?

– Não, senhor. O senhor tem certeza de que ele achou mesmo isso?

– Tudo indica. O senhor Amarildo deu queixa de que a pedra que ele achou foi furtada. Por isso estou aqui, fazendo uma investigação preliminar.

– Minha nossa! Achou esse tesouro num dia e no outro foi roubado?!

– Sim. Hoje de manhã, o senhor Amarildo foi lá na delegacia prestar queixa do furto da tal pedra. Acusou seu patrão de ser o ladrão... Meu auxiliar, o investigador Osvaldo, foi até a fazenda onde a pedra foi encontrada e furtada, mas nada conseguiu apurar, por enquanto. Você não sabia nada sobre isso que estamos conversando?

– Não, senhor. Meu patrão não me contou nada.

E filosofou, em leve e educado tom repreensivo ao delegado:

– É assim que eu vivo, doutor. Não me intrometo na vida dos outros.

– Isso é muito bom. Eu também. Porém, quando há queixa e acusação direta, a polícia tem de averiguar, ou como diz você: “Se meter na vida dos outros”.

– O senhor me desculpe. Eu não quis ofender, mas parece que ofendi.

– Você foi apenas sincero. Mas, por favor, responda-me: de ontem para hoje não aconteceu nenhum fato diferente por aqui, você não notou a presença de pessoas desconhecidas, ou mesmo conhecidas, olhando, rondando, visitando a família do senhor Joseval?

Na mesma hora, ressoou na mente de Chico a recomendação patronal:

"Qualquer pessoa que pergunte a você se me viu com alguém, diga que eu não saí daqui da fazenda e que ninguém veio me visitar".

Lutando contra a consciência, que recomendava dizer sempre a verdade, perdeu a batalha moral:

– Não, senhor, nada diferente aconteceu aqui nem vi ninguém, a não ser uma visita que o senhor Amarildo fez ao meu patrão, bem cedinho. Se é que se pode chamar de visita, pois ele chegou muito nervoso, disse alguma coisa e foi embora, com ar de poucos amigos. Eu não estava próximo, por isso não ouvi o que foi dito pelos dois. Mas agora, com o que o senhor me contou, imagino que falaram do furto da tal pedra.

Quando Valdir deixou a fazenda de Joseval, o "clube da pedra" tinha mais um sócio: Chico. Com efeito, juntando o que acontecera naqueles últimos dias, inclusive com a estranha convocação dos seus sobrinhos pelo senhor Joseval, filosofou, mentalmente:

"É: dor de barriga não dá só uma vez e nem só numa pessoa; se uma pedra de valor foi encontrada por aqui e logo foi furtada é porque tem valor mesmo; e se lá estava uma, outras devem estar por perto, esperando que alguém as ache. Por que não eu?"

Essa vacilação bem demonstra que, pelo fato de alguém ser cristão/espírita, assim como Chico, tal condição não o livra de – em algum momento – fraquejar.

Naquele resto de dia, a casa de Joseval mais parecia um caldeirão fervente, pois, presa de descontrole, gritou com as crianças e ameaçou-as. E quando a mãe defendeu os filhos, também foi ameaçada.

Desnecessário aduzir que a paz familiar, existente até a descoberta da tal pedra pelo vizinho, fugiu daquelas bandas, a galope.

Abigail, trêmula, criou coragem e disse ao marido:

– Joseval, não me leve a mal, eu não o estou condenando, por Deus! Mas, preciso saber, o que é que os dois sobrinhos do Chico vieram fazer, ontem à noite, aqui em casa?

Joseval explodiu:

– Vá para o inferno!

Avançou para a mulher e agora, unindo ameaça à ação, agarrou-a pelos ombros, com violência, gritando-lhe na cara:

– Eu não tenho que dar satisfações para ninguém dos meus negócios. Os dois vieram aqui porque eu estou pensando em contratá-los para me ajudar na colheita do milho.

– Desculpe, marido, eu não sabia...

– Não sabia, mas já me condenou.

Soltando a mulher e vendo os filhos apavorados, assistindo àquela inusitada cena de brutalidade no lar, o homem, irado, saiu de casa sem dizer para onde ia.

As crianças, ato reflexo, correram a abraçar a mãe.

Antero, que sempre admirara o pai, falou baixinho:

– Papai não precisava fazer isso.

Joseval dirigiu-se à cidade e bebeu até se embriagar.

Pouco antes das dez horas da noite, já não mais tinha condições de retornar à fazenda por conta própria. Por isso, alguns homens que estavam por ali, a pedido do dono do bar, que sabia onde Joseval morava, incumbiram-se de reconduzi-lo, praticamente em coma alcoólico.

Presos de angústia, temor e desespero, Abigail, Fabíola e Antero viram o chefe do lar ser trazido e deixado como carga inerte.

O resto daquela noite foi só de perturbações: por três vezes, quase seguidas, Joseval vomitou na cama, de onde se levantou duas vezes. Levantava, caía. Voltava a levantar, voltava a cair. Ora resmungando, ora gritando. Das palavras que proferia, em tom de ameaça, só algumas eram inteligíveis: faziam referência ao "seu" tesouro. Dizia-se rodeado de ladrões, aos quais mataria na primeira oportunidade...

E no lar de Amarildo?

O clima também foi de sufoco, de intranquilidade, de ódio, tudo decorrente de que ele, Amarildo, não via a hora de se vingar do ladrão da sua fortuna. Ladrão que ele já identificara, com certeza: Joseval...

Jandira não teve o menor ânimo para as tarefas domésticas. Anita não fez as lições escolares, pois "caiu de cama", tomada de grande indisposição e ficou o dia todo sem vontade para nada: nem conversar, nem comer, nem ver televisão.

Quando o delegado deixou a fazenda de Joseval, Chico concluiu suas tarefas diárias e disse ao patrão que precisava ir à cidade, "fazer umas compras", mas que logo voltaria.

De fato, após o jantar, a bordo da sua surrada motocicleta dirigiu-se não à cidade, mas à roça do seu irmão.

Foi recebido com alegria por Antônio, o Tonho, seu irmão:

– Oi, Chico, que bom que você veio. O que o traz por estas bandas?

– Aconteceu uma coisa estranha lá na fazenda do senhor Joseval: ele está sendo acusado de ter furtado uma grande pedra preciosa, que foi encontrada pelo vizinho dele, o senhor Amarildo. A polícia está no caso...

– Hum...

– Pois é. Eu vim aqui por um motivo muito chato... Nem sei como falar para você...

– Nossa! Você está me assustando. Por favor, diga logo!

– É que o Benício e o Osório estiveram lá na fazenda do meu patrão, bem na noite em que a tal pedra foi furtada...

– Espera aí! Você está dizendo que meus filhos... Que eles... têm alguma coisa a ver com o furto?!

– Jamais cometeria uma leviandade dessas. Mas, como o caso está nas mãos da polícia, achei que era meu dever contar para você.

– Ah! Ainda bem que você veio aqui para isso, e não para acusar meus filhos de serem ladrões.

Fazendo pausa, Tonho deu duas voltas na sala e disse:

– Eles estão jogando bola e estão para chegar. Por favor, espere a chegada deles e, aí, nós quatro vamos ter uma conversinha pra valer, *tá*?

– *Tá*!

Não demorou e os dois rapazes chegaram:

– Oi, tio. Tudo bem com o senhor?

– Tudo bem, tudo bem.

Tonho atalhou:

– O Chico veio aqui para nós esclarecermos umas coisinhas, desagradáveis, e que dizem respeito a vocês...

Os rapazes entreolharam-se, estupefatos. O ar amigável para o tio desapareceu do semblante deles.

Benício foi sarcástico e insuportavelmente grosseiro:

– Nem sabemos se alguém matou alguém e o senhor já acha que os assassinos fomos nós?

– Isso não são modos de falar com seu tio – ralhou Tonho com os filhos, logo explicando –, ele veio aqui com a intenção de fazer um favor para vocês e não carece de ser maltratado.

Benício reconsiderou:

– Desculpe, tio. É que estou com a cabeça quente, pois meu time perdeu. E sabe quem errou o pênalti? Fui eu!

– Está certo – disse calmamente Chico, completando: – O senhor Joseval chamou vocês dois para fazer um servicinho para ele, não foi?

Tonho espantou-se:

– Ué, como é que não me contaram nada?

Osório se desculpou:

– Não deu certo. A gente ia contar para o senhor, mas esquecemos...

Chico disse, sem rodeios:

– O senhor Amarildo, vizinho do meu patrão, diz que há uns dois ou três dias achou uma pedra preciosa muito grande, lá na fazenda dele, e, na noite seguinte, essa pedra foi furtada. Ele deu queixa na polícia, acusando meu patrão de ser o ladrão.

– E o que é que nós temos a ver com isso, tio? – voltou Benício a dizer em tom irônico.

– É que o senhor Joseval chamou vocês para um servicinho, não chamou? Que servicinho era esse?

– Era para a gente ajudar na colheita do milho dele. Mas não combinamos no preço e por isso desistimos.

Olhando fixamente para os sobrinhos, Chico perguntou:

– A pedra foi furtada durante a madrugada e, naquela noite, vi vocês dois irem lá na fazenda.

– Então, o senhor está desconfiado de que nós somos os ladrões ou de que temos alguma coisa a ver com o furto?

– De forma alguma! Só que o senhor Joseval me proibiu de contar para a polícia que vocês estiveram lá, justamente horas após o furto...

Os rapazes perderam por completo o ar de segurança.

Tonho inquiriu-os:

– O que vocês foram fazer lá de noite? Pelo amor de Deus, digam!

– Nós... – balbuciou Osório. – Nós fomos até lá porque ele pediu e disse que ninguém deveria nos ver. Falou umas coisas estranhas, de um servicinho, que precisava de nós e como não contou o que era, desistimos.

Aliviado com a presença de espírito do irmão, Benício, olhando para o pai, com ar súplice e de "arrependimento" consolidou a mentira:

– Nós não contamos para o senhor porque desconfiamos que não se tratava de coisa honesta.

Aliviados, Tonho e Chico levantaram-se e abraçaram os rapazes.

Chico retornou logo para a fazenda em que morava. Dormiu tranquilo.

Mas... Naquela noite, a perturbação atacou, brava, as duas almas ladras e mentirosas de Benício e Osório. Não conseguiram dormir direito, ambos tendo pesadelos. No dia seguinte, quando foram para as lides na roça, estando a sós, confabularam:

– As coisas não saíram como pensávamos. Teremos de agir depressa se quisermos ficar livres de problemas.

– Isso mesmo. A primeira coisa é esconder melhor a pedra.

Assim confabularam, assim fizeram. Não eram ainda nove horas da manhã quando a "famosa" pedra mudou de endereço: foi levada para as proximidades de uma pequena queda d'água do riacho que passava na roça deles e deixada submersa, sendo coberta por várias outras pedras menores.

Ofegantes pelo grande esforço empregado para carregar e esconder a pedra, começavam o almoço, quando foram desagradavelmente surpreendidos pela chegada, ali no meio da plantação, do seu pai e do senhor Joseval.

Não houve cortesia alguma. Sentados estavam e sentados permaneceram. O pai inquiriu-os:

– O senhor Joseval disse que precisava ter "um particular" com vocês e por isso eu o trouxe até aqui.

Um insuportável clima de desconfiança envolveu os quatro homens.

Inocente, ali, só Tonho. Que disse para Joseval, firmemente:

– Pode dizer qual o "particular" que o trouxe aqui.

– Como você mesmo disse, Tonho, o particular é particular.

– Ah, é? E desde quando, na minha terra e com meus filhos, alguém vem aqui e me manda sair de perto?

Com essa Joseval não contava. Mas contemporizou:

– Não é isso, Tonho. Não é nada de mais...

– Ótimo. Então diga logo o que é, pois o tempo não para e quem não planta não colhe, ou melhor, como vê meu milharal, quem não colhe...

As palavras traziam um sentido ambíguo.

Tonho não se arredou e ficou olhando bem dentro dos olhos de Joseval, que tentou desconversar:

– Acho melhor eu voltar outra hora, pois agora vocês estão ocupados.

Enervando-se, Tonho fulminou:

– Olha aqui, Joseval. Eu estou sabendo que a polícia andou pela sua fazenda e que você foi acusado de furtar uma pedra preciosa do seu vizinho. Foi por isso que você veio aqui? O que nós temos com isso? Não estou gostando do seu jeito e você sabe que não sou homem de brincadeira...

O cão Mané, amigo de Tonho e dos filhos, além de guarda da roça, interpretou o tom do seu dono como "permissão para dar uma lição naquele antipático intruso". Avançou sobre ele e a muito custo é que foi impedido de mordê-lo.

Joseval captou, na hora, que não haveria como ocultar o assunto e, olhando para os irmãos, que com pouco caso se mostravam, foi incisivo:

– Por que você não pergunta para os seus filhos?

– Perguntar o quê?

– Onde eles esconderam a pedra.

Uma bomba não teria feito maiores estragos no peito de Tonho. Desconcertado, atônito, infeliz, olhou para os filhos, agora tachados de ladrões. Seus olhos traduziam espanto e dor moral.

Mané voltou a rosnar forte...

A pergunta teve resposta violenta; os rapazes lançaram longe o pequeno caldeirão com o almoço e, quais predadores, pularam sobre Joseval, socando-o, derrubando-o, do que se aproveitaram para desferir-lhe pontapés furiosos.

O cão, agora, afastou-se e não parava de latir, como a dizer para os rapazes cessarem com aquela brutalidade e covardia.

Agressores em fúria, ante vítima sem condições de defesa, exclamavam:

– Bandido, ladrão! Pensou que nós iríamos cometer um crime?

E se o pai não os refreasse talvez até matariam Joseval:

– Parem, parem! Querem matar o homem?

Os filhos, que sempre tiveram grande respeito e obediência ao pai, interromperam o ataque. Aí, criou-se uma situação patética entre os quatro homens: o pai olhava para os filhos, desentendendo por completo aquela intempestiva e brutal reação; os rapazes, após o extravasamento da cólera que assoma quando o culpado é desmascarado, mostravam-se constrangidos, abobalhados, sem muito ter para falar; já Joseval, caído e ferido, contorcia-se de dor, pois algumas costelas restaram quebradas, além da tontura que o envolvera.

Vendo que Joseval estava mal, Tonho agiu com presteza:

– Benício, traga agora mesmo o carro e vamos levar esse homem para a Santa Casa. E você, Osório, busque um pouco de água, lá do riacho.

Quando os rapazes se afastaram para cumprir as ordens paternas, Joseval, no pouco tempo que lhe restava antes de perder a consciência, olhou súplice nos olhos de Tonho e com medo da morte falou:

– Pelo amor de Deus, não me deixe morrer. Leve-me para um médico.

Tonho encorajou-o:

– Que é isso? O senhor não vai morrer. Só não entendi por que meus filhos lhe deram essa surra. O que o senhor fez para que eles agissem assim?

Joseval não perdeu a deixa e, sentindo que não poderia ocultar a Tonho a verdade, resolveu contar tudo:

– Convidei-os para me ajudarem a carregar uma pedra preciosa muito pesada... Essa pedra estava na fazenda do meu vizinho...

Tonho não se conteve:

– Espera aí! O senhor está me dizendo que convidou meus filhos para ajudá-lo a roubar a pedra do vizinho? Benfeito que eles deram essa surra. O senhor mereceu. Meus filhos jamais cometeriam um crime desses...

– Olhe, senhor Tonho, por que o senhor acha que vim até aqui? Que sou louco a ponto de inventar uma história dessas? A pedra está aqui, na sua roça. Seus filhos exigiram sociedade comigo...

– Não acredito! Meus filhos nunca...

Joseval apresentou ao "clube da pedra" a admissão de um novo sócio, mas enganou-se, pois o indicado tinha princípios... e fins morais.

Tonho pensou alto:

– Sé é verdade que essa pedra está aqui, ela será devolvida ao legítimo dono.

O "clube da pedra" ficou sem esse sócio em potencial.

Nisso, Benício chegou com o carro.

Joseval foi levado para a Santa Casa, onde permaneceria internado, em virtude do grave estado de saúde em que se encontrava.

Aos atendentes da Santa Casa, Tonho e os filhos disseram que Joseval estava visitando-os e escorregou numa pedra, perto do riacho, vindo a cair e sofrer o acidente com os ferimentos que apresentava.

Quando retornaram à roça, pai e filhos nada falaram entre si.

Adentrando a casa, Tonho ordenou aos rapazes:

– Agora vocês vão me contar direitinho toda a história. Quando vocês se afastaram, o senhor Joseval deu-me algumas informações e as que faltam quero-as agora. Agora! Não mintam, pois sei quase tudo.

Benício e Osório se entreolharam.

Para confirmar que sabia mesmo de alguns dados sobre o acontecido, Tonho adiantou:

– Sei que vocês saíram de noite, justamente no dia do tal furto da tal pedra. Quando voltaram, pensavam que eu estava dormindo. Mas não estava. E vi perfeitamente que chegaram bem sujos de barro.

Fulminou o interrogatório com um xeque-mate:

– O senhor Joseval me contou sobre o furto da pedra e da participação de vocês, que exigiram sociedade. E agora? O que me dizem? Andem, andem, quero saber de tudo.

Tonho estava determinado e com a pressão arterial subindo...

Osório captou que não poderia esconder os fatos que desembocaram naquela embrulhada:

– É verdade, pai. Ele convidou a gente para ir carregar uma coisa pesada e valiosa, e ofereceu uma boa recompensa para nós. Não disse que era para roubar a tal pedra.

Benício, até então calado, interrompeu:

– Aliás, roubar, não: furtar.

– Ora, ora, que diferença faz o crime que vocês cometeram? Continue.

– Quando nos disse do que se tratava, não deu detalhes. Só quando chegamos perto de onde estava a tal pedra é que percebemos que aquilo estava errado.

– E por que não desistiram na hora?

– Eram altas horas da madrugada... Ele aumentou o valor da recompensa...

– Não posso acreditar... E vocês aceitaram...

– É, pai, aceitamos.

– Sem enrolação: quero saber o que fizeram.

– Nós fomos até a fazenda do vizinho do senhor Joseval. Pegamos a pedra e trouxemos para cá. Está escondida agora.

– Então o senhor Joseval estava falando a verdade... Meu Deus! Meus filhos, ladrões! Ladrões!

Tonho sentiu forte pontada no peito...

Colocou a mão sobre o coração, como se quisesse impedir que ele explodisse, pois essa foi a sensação que o acometeu, súbito.

Os filhos acudiram-no, pressentindo algo grave:

– Pai, pai, o que o senhor está sentindo?

– Não sei... Não sei... Isso passa. Tragam-me um copo de água com açúcar.

Uma segunda pontada, agora maior que a primeira, derrubou Tonho, que, antes de chegar ao solo, proferiu agudo gemido de dor. Desmaiou.

Os filhos, desesperados, puseram o pai no carro e levaram-no para a Santa Casa, de onde saíram havia pouco, quando lá deixaram Joseval.

Não apenas os atendentes, mas também os médicos, estranharam que aqueles dois rapazes, num pequeno espaço de tempo, trouxessem dois pacientes, um acidentado e outro claramente com aneurisma cardíaco.[5]

Tonho foi medicado com urgência, mesmo procedimento ainda em andamento com Joseval. Algumas horas após, ambos, ainda sob efeito de anestesia, foram conduzidos para unidade de tratamento intensivo.

Benício e Osório, de comum acordo, decidiram que não deveria ser contado para o pai onde estava a pedra. Aliás, para ninguém tal segredo poderia ser revelado. Osório refletiu:

– Essa encrenca toda não teria acontecido se nós não tivéssemos embarcado na canoa furada daquele tal de Joseval...

– É, mas agora não adianta chorar o leite derramado. Por falar em "pedra", li uma vez que três coisas não voltam na

5. Aneurisma cardíaco: complicação relativamente frequente do infarto do miocárdio.

vida: o minuto que passou, a pedra que foi atirada e a palavra que foi proferida.

– Hum... Isso lá é hora *pra* poesia? Nosso pai doente e você me vem filosofar. Para com isso! Agora não é hora do passado. É hora do futuro. E já que você gosta de falar difícil, escuta esta: três coisas podem cair sobre nossa cabeça: papai morrer, o Joseval nos acusar de agressão e a polícia nos prender.

– Se papai morrer, Joseval será o culpado. Quanto a nos denunciar, ele não seria louco de fazer isso, pois aí estaria confessando que o plano de furtar a pedra foi dele.

– Não sei, não sei... Se ele não colocar a mão na pedra, não vai nos dar sossego.

– Já pensei nisso.

– Mas, e o papai?

– Agora não sei o que fazer. Vamos pensar em alguma saída.

No dia seguinte, bem cedinho, os irmãos estavam na Santa Casa e foram informados pela enfermeira-chefe de que o pai não apresentara mudança no caso clínico e que o médico que o atendia conversaria com eles. Que aguardassem.

Esse tipo de informação, prestada várias horas após o atendimento de paciente em estado grave, via de regra é interpretada pelos parentes e amigos do paciente como "ele continua em estado grave e a qualquer momento pode apresentar alguma melhora ou... morrer".

Inquietos, desorientados, não conseguiam atinar que providências deveriam tomar. Sabiam, no íntimo, que a situação estava complicadíssima.

Nada perguntaram, aliás, sequer pensaram em saber sobre o estado do Joseval. Os irmãos traziam a mente obscurecida, dividindo os pensamentos na saúde paterna e na fortuna escondida lá no riacho.

O carro do delegado de polícia estacionou na porta de entrada da Santa Casa e isso foi o suficiente para que Benício e Osório ficassem apavorados. Reação típica de consciência pesada...

Doutor Valdir trazia a filha, Eveline, para ficar por algum tempo num vaporizador, pois naquela região o ar estava com baixa umidade e a menina apresentava problemas respiratórios.

Após o atendimento da filha, o delegado já ia saindo quando, por simples reflexo da sua profissão, perguntou à recepcionista:

– Tudo em ordem por aqui? Alguma novidade?

– Tudo em ordem...

A recepcionista poderia encerrar a resposta ali, mas, mais para prosear, acrescentou:

– ... Só que, ontem, um fazendeiro e um roceiro foram trazidos, em estado grave... E quase na mesma hora...

A intuição do delegado não o traiu: captou, no mesmo instante, que ali nem "tudo estava em ordem". Despediu-se e levou a filha para a escola.

Antes de iniciar o expediente na delegacia, resolveu retornar à Santa Casa. Pediu para falar com o diretor, o doutor Amílcar.

Enquanto aguardava o médico lhe atender, notou que os dois rapazes que estavam na sala de espera quando trouxera a filha ainda permaneciam lá. Foi também por tino profissional que, em termos discretos, perguntou à recepcionista quem eram aqueles dois rapazes.

– São filhos do roceiro que foi trazido com infarto. Eles também estão esperando o doutor Amílcar para obter informações quanto ao estado do pai deles.

Nisso, o doutor Amílcar foi até a recepção e, vendo os dois rapazes e o doutor Valdir, brincou:

– Ora, ora, o que temos aqui? Dois jovens preocupados com a saúde do pai e o nosso delegado de polícia. Quem chegou primeiro?

Valdir antecipou-se na resposta:

– Eles. Eu posso esperar. Por favor, Amílcar, atenda-os antes de mim.

O médico, ali mesmo, aproximou-se dos dois rapazes e já foi dizendo:

– O estado do seu pai não mudou, de ontem para hoje.

Osório e Benício intercalaram perguntas aflitas:

– É. A enfermeira-chefe já nos contou. O que é que ele tem?

– Uma ruptura de vaso sanguíneo na aorta.

– É grave?

– É.

– Ele vai ficar bom?

– Nada posso adiantar. No momento, está sendo mantido vivo por aparelhos...

Fazendo silêncio, que todos respeitaram, continuou a conversar com os irmãos:

– A propósito, permitam-me perguntar-lhes: antes de isso acontecer, como é que ele estava? Não apresentava nenhuma diferença de comportamento? Teve algum problema, passou por algum trauma, alguma discussão, briga, enfim, uma perturbação?

A pergunta era uma verdadeira sindicância, e o delegado a tudo ouvia.

É sabido que a maioria dos pacientes ou parentes de doentes não mentem para o médico, até porque, se mentirem estarão colocando em risco a precisão do diagnóstico. Isso é intuitivo no ser humano.

Osório atalhou a resposta que Benício ia dar e ficou no meio-termo:

– O mal-estar surgiu de repente, isto é, quase: ele apresentou uma forte dor na barriga e no peito, dizendo que o pescoço e o braço também doíam insuportavelmente.

Benício adjuntou:

– Aí papai perdeu o equilíbrio, caiu e vomitou. Quando nós fomos levantá-lo do chão vimos que não conseguia falar.

Amílcar confirmou:

– Sim, esses são alguns dos sintomas de um infarto. Mas, vocês ainda não me responderam se ele estava agitado, perturbado com alguma coisa...

Osório e Benício se entreolharam.

Para o médico isso nada significou.

Mas, a aguda percepção de Valdir não deixou fugir a convicção de que algo grave acontecera mesmo. Pupilas dilatadas instantaneamente dos dois rapazes e ligeiro tremor dos lábios eram um comprovante indubitável disso.

Gaguejando, Benício adiantou-se a Osório:

– Para falar a verdade houve sim, um probleminha.

Não é raro que, se alguém começa a responder a uma pergunta direta com a expressão "para falar a verdade", e ainda por cima usar o diminutivo, iremos ouvir metade da verdade. A outra metade, se dita, será mentira, e se a verdade compromete alguém, será ocultada.

Médico e delegado agora olhavam para os dois, esperando.

– Aquele outro homem que nós trouxemos antes de papai foi lá na nossa roça e aprontou uma discussão, no meio da qual escorregou numa pedra e caiu, machucando-se todo.

Osório homologou:

– Foi por isso que nós o trouxemos para cá. Logo depois, papai passou a se sentir mal, com dor no peito e teve que ser trazido também.

Para Amílcar, a resposta satisfazia a necessidade médica de apoiar-se em detalhes sobre a irrupção do aneurisma cardíaco.

Foi novamente por puro instinto policial que Valdir, até então apenas ouvinte, entrou na conversa:

– Não me levem a mal, mas, por que discutiram?

O médico, agora, também quis saber o motivo:

– Sim, é bom sabermos por que houve a discussão.

Benício e Osório trepidaram levemente.

Valdir, com alto senso de psicologia, atenuou o clima e fez outra pergunta, agora se dirigindo a Amílcar:

– Qual o nome desse paciente que chegou primeiro, o que caiu?

– Joseval.

Precisamente ali, para Valdir, emergia uma pista, ainda nebulosa, mas sempre uma pista, para solucionar o problema do furto da tal pedra. Sim, pois Joseval era precisamente o ladrão da pedra, segundo Amarildo. A resposta quanto à motivação da discussão ficou dispensada, pois Valdir apressou-se em dizer ao médico:

– Doutor, creio que já tenho o esclarecimento para minha visita.

Despediu-se do médico e já ia saindo quando olhou para os irmãos:

– Depois que vocês visitarem seu pai, por favor, passem lá na delegacia, pois talvez possam me ajudar a dar continuidade numa investigação sobre o paciente chamado Joseval.

Nem aguardou qualquer palavra dos rapazes e foi para o serviço.

Poucos metros se afastara da Santa Casa, quando viu a senhora Abigail e os filhos, Fabíola e Antero, descendo da camioneta que Chico dirigia.

Cumprimentou-os. Gentil e prestativo, dirigiu-se à senhora Abigail:

– Bom dia. Sei que o senhor Joseval se machucou e, se vocês precisarem de alguma coisa que eu possa ajudar, é só me procurarem.

Só Chico respondeu ao cumprimento. Logo a mulher e os filhos entraram no hospital.

Quando Valdir chegou à delegacia, Agostinho, o escrivão, informou:

– O doutor Amílcar pediu para o senhor telefonar para ele.

Valdir estranhou aquilo, pois havia apenas alguns minutos estivera com Amílcar.

Ligou para o médico e este foi logo declarando:

– Valdir, eu não quis falar nada na frente dos rapazes, mas a história que eles contaram sobre o paciente Joseval, que teria escorregado e caído em cima de uma pedra, não me parece verdadeira...

– Mas, por que sua suspeita?

– Simples, simples: ele apresenta costelas quebradas de ambos os lados do tórax. Quando alguém cai sobre um objeto e quebra costelas, as fraturas são só de um lado. Além disso, ele tem lesão na coluna cervical e fortes hematomas nas pernas. Nas duas! Esse quadro tem forte conotação de que ele foi agredido, caiu e recebeu pontapés dados por duas pessoas, simultaneamente, uma de cada lado...

– Hum... Obrigado pela informação. Assim que puder, tentarei apurar melhor o ocorrido.

Como até a hora do almoço os rapazes não compareceram à delegacia, Valdir telefonou para a Santa Casa e perguntou se eles ainda estavam lá. A recepcionista informou que havia mais de uma hora tinham se retirado. Contudo, disse:

– O tio deles está aqui.

– Quem é o tio deles?

– Ele se chama Francisco, mas é chamado por todos de Chico. Ele é irmão do paciente Tonho, mas trabalha para o paciente Joseval.

– Muito bem. Por favor, me passe o endereço do pai dos dois irmãos e depois confirme com o senhor Chico se é o mesmo fornecido pelos dois rapazes, seus sobrinhos.

Logo a recepcionista ligou e disse que o endereço era o mesmo: a roça cujo acesso ficava no quilômetro quatro da rodovia em direção à capital.

Valdir pensou: "se o Chico é irmão do Tonho... então, o círculo está se fechando...". Decidiu ir à roça do Tonho, onde a briga aconteceu.

Quando chegou, foi efusivamente recebido... pelo cão Mané.

Quanto aos irmãos Benício e Osório... Fria, fria, a recepção.

– Boa tarde, rapazes.

Não responderam.

– Por que vocês não foram à delegacia?

Não responderam.

Valdir, acostumado a situações como aquela, em que culpados sempre utilizam o silêncio como rota de fuga da realidade, manteve-se calmo.

– Não vão me convidar para entrar?

Agora essas palavras, para despertar educação, soaram como ameaça.

Osório procurou redimir-se:

– Sim, sim, doutor. Por favor, entre.

Entrando e acomodando-se os três na sala rústica, Valdir disse:

– Como o senhor Joseval é acusado pelo vizinho Amarildo de ser o ladrão de uma grande pedra preciosa, vim até aqui, porque talvez vocês possam me fornecer algum detalhe da briga com seu pai.

Foi direto, objetivo, firme:

– O motivo da briga foi a tal pedra?

Qualquer que fosse a resposta, Valdir tinha se preparado para sondar que resposta seria dada a essa pergunta, a qual veio mentalmente elaborando no caminho até ali. Do que dissessem os irmãos e qual fosse sua postura gestual, tiraria proveitosas conclusões.

Não deu outra...

Osório e Benício, simultânea e instantaneamente, ficaram desconfortáveis em suas cadeiras. Entreolharam-se. Traíram-se...

Valdir atiçou-os:

– Por acaso, vocês já viram a pedra?

– Não! – gritaram, a uma só voz os rapazes.

– Já ouviram falar nela?

“Sim”, disse Osório; “não”, respondeu Benício.

Percebendo a contradição, Benício atalhou, tentando remendar:

– Falam por aí, mas ver, ninguém viu.

Após pesado silêncio, Valdir levantou-se para se retirar e, quando os rapazes também se levantaram, olhou-os firmemente e voltou a perguntar:

– E a briga? Foi por causa da pedra?

O silêncio dos rapazes respondeu. Afirmativamente.

Num gesto estudado, de impacto, Valdir "desistiu" de ir embora e voltou a sentar, gesticulando para os irmãos que fizessem o mesmo.

Com tranquilidade e experiência profissional, induziu-os a falar a verdade:

– Vocês têm todo o direito de ficar calados. Mas se, ao contrário, quiserem me contar o que sabem sobre o furto da pedra, creio que a Justiça só será beneficiária primeiro aos inocentes.

A palavra "inocentes" galvanizou a mente dos irmãos. Raciocinaram rápido e decidiram, em simbiose mental, contar para o delegado a sua versão para os fatos: que Joseval veio até a roça deles e convidou-os para furtar a pedra; não aceitaram e por isso foram insultados. A seguir, expulsaram Joseval, que se desequilibrou e caiu, ferindo-se; poucas horas depois, seu pai, com a saúde abalada pela viuvez recente, teve o infarto.

Osório contou assim, quase que de um só fôlego.

Benício, balançando a cabeça, ia confirmando tudo.

Agora, sim, Valdir retirou-se.

Já do lado de fora, advertiu:

– Da próxima vez que eu os convidar para comparecer à delegacia, não faltem, pois, do contrário, terei de mandar buscá-los sob escolta.

Levava firme convicção de que os irmãos tinham mentido.

Após almoçar, retornou à Santa Casa e perguntou ao doutor Amílcar:

– Quando os pacientes estiverem em condições, será que posso fazer algumas perguntas para eles?

– Claro. O Joseval pode ser interrogado agora; quanto ao Tonho, receio que...

Valdir captou e também foi reticencioso:

– Você acha que ele...

– O que pudemos foi feito. Mas ele não reagiu. Agora, infelizmente, para a Medicina e para os filhos dele, a única esperança é um milagre.

– Se houver a menor possibilidade, por favor, me chame. Com sua permissão, vou conversar com o Joseval.

– O caso dele não é também dos melhores, mas não há risco de morte. Pelos ferimentos, talvez fique paraplégico. Ainda estamos analisando mais detalhadamente os exames radiológicos, para só então emitir um diagnóstico preciso.

– Antes de ir ter com o Joseval, diga-me, ele disse algo sobre a versão da queda?

– Nada disse sobre essa história. Mas repito: todas as evidências conduzem à conclusão de que foi uma briga. E, nesse caso, desigual, pois os machucados de ambos os lados do corpo sugerem que sofreu ataques de dois agressores, no mínimo. Além do mais, as mãos dele estão intactas, demonstrando que não revidou, apenas teria procurado se esquivar dos golpes.

– Já imaginava isso. Bem, não me leve a mal, mas deixe-me a sós com ele. Prometo que terei cuidado em não dizer nada que agrave seu estado.

– Não tenho a menor dúvida. Estarei por aqui e, se necessário, é só me chamar.

Valdir abeirou-se da cama de Joseval, que estava de olhos fechados. Silenciosamente, orou a Jesus e pediu pela saúde daquele paciente. Qual se Valdir tivesse orado em voz alta, Joseval abriu os olhos e, vendo o delegado olhando-o com fraternidade, fragilizado que estava, lembrou-se de seu falecido pai, que também assim dirigira a ele esse mesmo olhar. O último olhar paterno. Isso fazia tantos e tantos anos...

Joseval conhecia Valdir de vista. Mesmo sensibilizado pelo problema físico, instantaneamente guarneceu-se de prudência. Atitude típica de consciência pesada, ou melhor, culpada... Aguardou.

Logo o delegado disse, amigável:

– Olá, Joseval: vim ver como está passando. Graças a Deus, vejo que está melhor.

– É doutor, é doutor...

– Passei aqui para visitá-lo e gostaria de fazer-lhe algumas perguntas, que você só responderá se quiser.

Joseval tinha a esperteza de um predador e a prudência da presa, simultaneamente. Raciocinou, de pronto, que cedo ou tarde seria mesmo interrogado pela polícia, sobre os acontecimentos que o levaram ao hospital. Acontecimentos que se ligavam, na origem, à pedra.

Ladino, usando da condição de enfermo, lamentou-se, ao tempo que repassava algumas precondições, para atender a autoridade policial:

– Claro, doutor, claro. Como estou meio confuso, por causa de tantos remédios, peço ao senhor que me desculpe se não puder atendê-lo como deve ser.

Perspicaz também, Valdir sentiu-se como estivesse pisando em chão escorregadio. Contudo, não se permitiu escorregar nesse chão:

– O doutor Amílcar me disse que você pode perfeitamente responder a algumas poucas perguntas, assim não vou retardar mais. A primeira pergunta que quero saber é o que você foi fazer lá na roça dos irmãos?

Na sua tela mental, Joseval já havia criado um álibi para inocentar-se de tudo o que aconteceu e culpar os irmãos:

– O senhor deve ter observado que minha plantação de milho está prontinha para ser colhida. Pois é. Fui até lá porque meu empregado, o Chico, ainda outro dia me pediu que desse algum emprego para os dois sobrinhos dele, o Benício e o Osório. Convidei-os para me ajudar na colheita, mas não chegamos num acordo quanto ao pagamento. Ofenderam-me, gratuitamente. O resto o senhor já sabe.

– Acabei de entrevistá-los e eles contaram outra história... Disseram que você os convidou para furtar uma pedra do vizinho, e, como eles recusaram, você os ofendeu. Ao ser expulso, você escorregou e se machucou.

– A história dessa pedra, que ninguém sequer viu, está até atrapalhando minha vida e da minha família.

– Como assim?

– Seu subordinado, o investigador Osvaldo, foi chamado pelo meu vizinho, o Amarildo, que me denunciou como ladrão de uma tal pedra que ele achou lá nas terras dele. Veja o senhor, como é a ingratidão: eu sempre ajudei o Amarildo, tantas vezes emprestei ferramentas e dinheiro para ele e essa é a paga que ele me dá...

– Mas, como é que os irmãos ficaram sabendo dessa investigação, ou melhor, como eles sabem da história dessa pedra?

– Isso o senhor terá de perguntar para eles.

Nesse ponto, Joseval agiu com manha, passando a gemer e a se revirar um pouco no leito, muito lentamente, simulando dificuldade e dor.

Valdir observou:

– Interessante, essa queda sua... Parece que caiu duas vezes, pois tem costelas quebradas dos dois lados e hematomas também na coluna e nas duas pernas...

A ironia não deixava de ser uma velada reprimenda e uma declaração informal de que o delegado não acreditava na versão do tombo, e, em complemento, menos ainda na versão apresentada dos motivos que levaram Joseval à roça de Tonho. O delegado complementou:

– Vou deixá-lo. Logo você estará em melhores condições e iremos realizar uma acareação para esclarecer onde está a verdade.

– O senhor está dizendo que eu não disse a verdade?

Sem responder diretamente e mudando o tom, agora se expressando formalmente, a autoridade policial emergiu:

– É curioso, *senhor* Joseval, há contradições entre o que diz e o que disseram os irmãos. Passe bem e que Deus o abençoe.

Com essa resposta Valdir deu por encerrada aquela entrevista, parte da fase inicial da sindicância que instaurou para apurar os últimos acontecimentos, envolvendo as três famílias e a misteriosa pedra.

Mais do que nunca, o delegado se convenceu de que mentiras bailavam no ar, de Joseval e dos irmãos.

Ia se retirando, quando o doutor Amílcar adentrou naquela unidade de terapia intensiva e, com ar grave, abatido, anunciou baixinho para Valdir, de forma que só ele ouvisse:

– Tonho morreu.

Deus geometriza

ALINHANDO O que sabia com o que foi dito, e o que a intuição lhe dizia, em face das atitudes que observara entre os irmãos e o paciente Joseval, e, principalmente, o depoimento das crianças de ambas as famílias, Valdir concluiu que o furto, de alguma forma, apontava para o vizinho de Amarildo.

Como estratégia investigativa decidiu realizar nova entrevista com todos os membros das três famílias: a de Amarildo, a de Joseval e os filhos de Tonho.

Assim, de início, foi visitar Amarildo na fazenda dele.

Essa visita, em sua opinião, o ajudaria a delinear como seria um hipotético triângulo psicológico formado pelos dois vizinhos e pelos irmãos, triângulo esse que no seu interior escondia uma grande pedra preciosa, se de fato ela existisse.

Lembrando-se dos seus tempos escolares, nas preciosas aulas de geometria, primeiro veio-lhe a imagem do professor, empolgado com a matéria que lecionava, dizendo aos alunos, com reverência ímpar: "Deus geometriza", referindo-se a uma ordem cósmica que rege todos os seres e acontecimentos.

Fazia suspense e indagava aos alunos: "Vocês sabem quem disse isso?" Como ninguém respondesse, ele próprio o fazia: "Pitágoras!"

Aí, perguntava: "Vocês sabem quem foi Pitágoras?" E novamente era ele que respondia: "O maior matemático de todos os tempos! E também grande filósofo grego. Viveu no século sexto. Deixou-nos o famoso teorema da soma do quadrado dos catetos de um triângulo retângulo é igual ao quadrado da hipotenusa".

Valdir se impressionara muito com os ensinos da geometria, principalmente por aquela inesquecível e retumbante frase: "Deus geometriza!".

Em suas atividades profissionais, principalmente, procurava sempre que possível equacionar os fatos sempre de forma a construir triângulos...

Naquele caso da pedra, não foi diferente: formou um triângulo, ainda indefinido, matutando: "quantas pessoas teriam visto essa pedra?" Sem saber a resposta, raciocinava geometricamente:

Se fosse um triângulo equilátero, (que possui todos os lados congruentes), os dois fazendeiros e a dupla de irmãos sabem de algo e, se estão mentindo, de alguma forma cometeram algum delito.

Se fosse um triângulo isósceles (que possui pelo menos dois lados de mesma medida e dois ângulos congruentes), Joseval e os irmãos eram esses lados.

Se fosse um triângulo escaleno (no qual as medidas dos três lados são diferentes), aí a coisa estaria complicada, pois a ligação entre os lados não se completaria: inexistiria o "tal triângulo".

Raciocinando com o que sabia e o que deduzia, tudo indicava tratar-se de um triângulo isósceles, no qual Amarildo seria vítima; Joseval, acumpliciado com os irmãos seriam os dois lados da mesma medida (culpa) e congruentes (acumpliciados no furto).

Ao aproximar-se da fazenda de Amarildo, viu-o mexendo no motor de um trator, ao lado da plantação de milho. Desceu do carro e cumprimentou-o:

– Olá, senhor Amarildo, boa tarde.

Interrompendo o que fazia e demonstrando grande contrariedade, o dono da fazenda retribuiu o cumprimento:

– Boa tarde, doutor.

E ficou aguardando, imóvel. Valdir foi direto ao ponto:

– Vim aqui conversar com o senhor sobre o furto da pedra.

Os olhos de Amarildo se arregalaram. Murmurou, entre dentes:

– Muito bom. Está na hora de prender o ladrão.

Sabedor de que Amarildo acusara Joseval, Valdir interpelou:

– O senhor confirma que sabe quem foi o ladrão?

– Claro! Foi meu vizinho, o Joseval. Já disse isso.

– Qual a base do senhor para acusá-lo de ser o ladrão da sua pedra?

– Minha base?! Minha base?! Então o senhor se esqueceu de que, além da minha família, só ele é que ficou sabendo do achado da pedra?

– Sua conclusão não deixa de ter algum fundamento lógico, mas, para a Justiça, o que conta são provas, que vim buscar, se existirem. O senhor pode provar o que diz?

– Posso!

– Como?

– Como o senhor já apurou, minha filha Anita confessou que contou para a amiga dela, no mesmo dia. E essa amiga dela é filha do ladrão, o Joseval.

– Isso não é prova suficiente, embora seja uma pista forte. Imagine, por exemplo, que, quando sua filha contou para a amiguinha, essa, por sua vez, contou para outra, que contou para mais uma, e outra, e assim por diante? Quem pode garantir que isso não tenha acontecido, isto é, que a notícia tenha se espalhado?

– Aí, nesse caso, é só perguntar para quem a amiguinha da minha filha contou.

– Mas, não querendo complicar, apenas raciocinando com hipóteses, e se, além de tantos alunos que talvez souberam da pedra, alguém, escondido, ouviu o segredo? E se isso aconteceu, quantos mais ficaram sabendo por conta desse alguém?

Amarildo ficou pensativo e Valdir aproveitou para interrogar:

– O senhor tem certeza de que a pedra que achou era valiosa?

– Como assim? Então eu não vi o brilho e o tamanho da pedra?

– Sabe que pedra era?

– Como vou saber? Só sei que era cheia de pontas e estava grudada numa base de pedra, coisa para mais de uns sessenta quilos.

Agora quem ficou pensativo foi Valdir. Logo retomou:

– O trator está com problema? Atrasando a colheita?

Aí Valdir tocou no ponto nevrálgico do desequilíbrio mental que se apossara de Amarildo. O fazendeiro, algo constrangido e receoso, esclareceu:

– Preciso preparar a terra para renovar a plantação.

– Antes de colher o que está plantado?

A pergunta pegou Amarildo na mentira e ele silenciou.

Valdir captou claramente que não era verdade, pois notara que, em volta daquele ponto em que se encontrava, havia escavações recentes e descontínuas; e ninguém faz plantação abrindo a terra, aleatoriamente, em distâncias absolutamente diferentes umas das outras, "sem geometria"; além do mais, cada uma das escavações tinha mais ou menos um metro de profundidade, não indicada para plantação de milho.

Intuiu que, naqueles buracos todos, Amarildo estava procurando outras pedras iguais à que achara. Inevitável que viesse à lembrança de Valdir a lenda da "caixa de Pandora", a primeira mulher da humanidade, que, segundo a mitologia grega, tinha todos os dons, mas abriu o vaso onde Zeus encerrara todas as misérias e males e por isso, como consolo, nela os humanos só encontrariam, para sempre, apenas a esperança.

Pensou: "incrível, como os homens continuam abrindo a caixa de Pandora, nessa ânsia indômita para achar tesouros enterrados. Tesouros: problemas, problemas... Se Deus colocou esses tesouros ocultos sob a terra, talvez seja porque, quando descobertos, trazem mais infelicidades do que paz e fartura...".

Informou ao fazendeiro que precisava conversar com Jandira e Anita.

Sempre contrariado, Amarildo foi com o delegado até sua casa e chamou a esposa e a filha.

Valdir entrevistou-as e não obteve nenhuma nova pista, mas, em vista da firmeza nas respostas às suas perguntas, saiu dali confirmando a autenticidade dos depoimentos anteriores, absolutamente iguais.

Dali dirigiu-se à casa de Joseval, sendo atendido por Abigail.

Como Antero e Fabíola estivessem em casa naquele momento, informou à esposa de Joseval que precisava confirmar alguns dados, e que estava ali para entrevistá-la outra vez, e aos filhos.

Solicitou e obteve autorização de Abigail para que as entrevistas fossem feitas individualmente e a sós, conquanto a portas e janelas abertas...

Como na casa de Amarildo, ali também se repetiu a "congruência" das respostas de todos, comparativamente entre a primeira e esta segunda visita.

A seguir, foi à roça de Tonho.

Encontrou Benício e Osório alcoolizados.

Informou-lhes que estava ali para entrevistá-los, referindo-se ao furto da pedra, mas foi rechaçado:

– De jeito nenhum – quase gritou Osório, justificando: – nosso pai acaba de morrer e nós não estamos em condições nem de pensar, quanto mais de responder a qualquer pergunta sobre um crime que não cometemos.

Valdir foi incisivo e contundente:

– Mas, quem disse que foi cometido um crime?

Osório foi pego de surpresa, pelo vacilo. Desculpou-se, fracamente:

– Ninguém pode provar nada contra nós...

Novamente Valdir pressionou:

– Provar o quê?

Benício interferiu:

– Sabe, doutor, o senhor está sendo muito mau e inconveniente, vindo aqui essas horas, pedir contas de algo que não fizemos. Será que o senhor não respeita nem a morte do nosso pai?

– Pois é justamente para salvaguardar a memória do seu pai que estou aqui, para esclarecer o que aconteceu antes de ele adoecer, uma vez que há uma forte suspeita de que há ligação entre os ferimentos no senhor Joseval e o Tonho.

– Suspeitas? Suspeitas? Quem se atreve a suspeitar do meu pai?

– Os fatos, Benício, os fatos. O senhor Joseval feriu-se aqui na sua roça e seu pai estava com ele. Esse é um fato muito forte. Outro fato, mais forte ainda, é que os ferimentos não são decorrentes de queda e sim de agressão, segundo avaliação oficial do doutor Amílcar.

Agora, os dois irmãos se traíram, pois, olhando um para o outro, ficaram embaraçados. Valdir reforçou-lhes o embaraço:

– As radiografias e os exames médicos demonstram que ele recebeu pancadas simultâneas de, no mínimo, dois agressores...

Osório explodiu:

– O senhor está nos acusando de sermos os agressores?

Valdir foi concludente:

– Se ele estava aqui e aqui foi ferido por mais de um agressor, quem mais poderia ser, além de vocês e seu pai?

A frase continha uma soberba implicação psicológica: considerar os três suspeitos, pois na maioria dos casos, em situações similares, jamais os filhos permitiriam que a memória do seu pai fosse aviltada.

Os irmãos, fruto da desguarnição mental que o álcool lhes causara, não reagiram de forma diferente:

– Papai não teve nada a ver com isso!

– Então foram vocês dois?

Agora foi Benício quem, finalmente, admitiu:

– Sim, doutor, fomos nós dois. Mas o Joseval bem que mereceu aquela surra.

Vendo que o irmão "se entregara", Osório foi solidário:

– Devia é apanhar muito mais.

– Por quê?

– Porque ele chegou aqui acusando-nos, bem na frente do papai, de sermos cúmplices dele no furto dessa maldita pedra.

– Então, ele admitiu ter furtado a pedra?

– Sim, só que não sabemos por que resolveu nos implicar no furto. Não é difícil imaginar que ele sabe onde está a tal pedra, em algum esconderijo que ele arranjou. Mas, pondo a culpa em nós, com isso imaginava estar se livrando de suspeitas da polícia...

Pegou os dois de surpresa:

– De que tamanho era a pedra?

– Acho que... – ia dizendo Benício, quando Osório atalhou, ríspido:

– Acho que o senhor está enganado! Como responder a essa pergunta se até agora ninguém viu essa pedra?

Ladino, devolveu a pegada:

– Será que essa tal pedra existe mesmo?

Valdir não respondeu.

Captou que não arrancaria mais nenhuma informação dos irmãos. Despedindo-se, disse-lhes:

– Quando o senhor Joseval estiver em condições, vamos realizar uma acareação entre ele e vocês dois. Assim, por favor, não deixem a cidade sem antes me avisar. Entendido?

Timidamente, os irmãos responderam que tinham, sim, entendido.

Chegando à delegacia, Valdir convocou Osvaldo e determinou-lhe:

– O caso do furto da pedra está praticamente resolvido. O ladrão, ao que tudo indica, é o senhor Joseval, que se encontra hospitalizado. Considerando que a pedra era muito pesada, deve ter tido ajuda de mais alguém. Fazendo pausa, para melhor equacionar o raciocínio, prosseguiu:

– E quem foi que agrediu o senhor Joseval?

Confirmou, ele próprio, respondendo:

– Os irmãos, Osório e Benício.

O delegado continuou seu raciocínio lógico, buscando encaixar as peças conhecidas com as desconhecidas daquele quebra-cabeça, isto é, daquele furto.

Agora, foi Osvaldo que raciocinou:

– Como o senhor Joseval "acidentou-se" lá na roça deles, é bem provável que essa bendita pedra esteja mesmo escondida lá, pois se ele tivesse um esconderijo para ela, como o senhor disse que os irmãos imaginaram, o que ele teria ido fazer lá?

Valdir pensou mais um pouco e decidiu:

– Tem razão. Pensou bem. Vamos ficar atentos, aguardando os acontecimentos. Certamente, quem tem a pedra não vai deixá-la quieta...

– O senhor quer que seja feita vigilância lá nas fazendas dos envolvidos?

– Nada de presença fixa e visível. Apenas visitas rápidas. Gostaria que você passasse a ir até à casa do Joseval, do Amarildo e dos irmãos. Justifique sua visita como sendo de rotina, para saber se há alguma novidade. Essa atitude causará mal-estar no culpado, ou nos culpados.

E assim, Osvaldo passou a visitar os lares dos três envolvidos com o furto da já famosa e desconhecida pedra.

Na primeira visita, foi recebido com hospitalidade.

Da segunda em diante, sua presença passou a não agradar.

E ele prosseguiu a realizar as visitas, em horários sempre diferentes. Foi assim que, no quarto dia, na casa de Joseval, conversando com a senhora Abigail, ficou sabendo do horário que os filhos Antero e Fabíola estavam na escola. Aí... Suas visitas, lá, passaram a ser feitas sempre quando as crianças não estavam...

Nos outros dois endereços, não voltou mais.

Isso porque, a princípio, incapaz de resistir a uma ligeira atração por aquela mulher, permitiu que um sentimento sutil se instalasse em sua mente. Daí, a cada visita, desejar algo mais íntimo com ela, um passo. De tal forma sua mente passou a fotografar a imagem de Abigail, que o cérebro, obediente como é aos pensamentos do dono, passou a fustigar a libido e a irradiar para todo o seu ser o desejo ardente de posse.

Abigail, aliás, com cerca de trinta anos, era bonita, bem-educada. Corpo de linhas gentilmente delineadas, encimado de abundantes cabelos cacheados, negros como o azeviche, olhos brilhantes dessa mesma cor, lábios sinuosos, cortinando dentes alvíssimos.

Todas as vezes que Osvaldo a cumprimentava, percebia a maciez da mão dela, invariavelmente restando um tênue traço de perfume na sua.

Havia duas semanas que Joseval estava internado. Sem previsão de alta...

Numa das visitas ao lar do paciente, Osvaldo foi pensando (e isso já pela milésima vez), no caminho, antes de chegar, no fulgor de viver uma aventura com aquela mulher tão atraente e fragilizada pela ausência do marido.

É inevitável: em momentos como esses, a libido, a princípio sob controle, logo assume o comando mental de quem assim a favorece, com a invigilância moral e sob o patrocínio irresistível do desejo.

É fato, também, que, a libido comandando, fatal que a exigência da satisfação sexual tolde a mente daquele que a ela inconscientemente se submete.

Do lado de Abigail, não passara despercebido o interesse crescente de Osvaldo por ela. Fiel ao marido, jamais se permitira divagar com qualquer tipo de relacionamento com outro homem. Mas agora, sua estrutura moral estava em ligeira baixa, pois até mesmo alguma dificuldade financeira estava visitando aquele lar, além daquele simpático e atencioso policial...

Seu marido permanecia internado. Segundo diagnóstico médico ainda não definitivo, Joseval era forte candidato à incapacidade física permanente.

As visitas de Osvaldo só aconteciam na ausência dos filhos dela.

O investigador, por força da sua profissão, estava acostumado a lidar com pessoas das mais variadas personalidades e nas mais diferentes situações, tendo, assim, desenvolvido perspicácia no trato com culpados e inocentes, réus e vítimas.

Nessa visita, captou que Abigail estava bastante preocupada, a ponto de transparecer angústia. Aproveitou-se disso, ao cumprimentá-la, não soltou a mão dela, murmurando em tom gentil, sinuoso:

– Senhora, senhora... Abigail... vejo que está com alguma tristeza... Isso não fica bem na senhora... Tão bonita, tão bonita...

Abigail, estressada com a hospitalização do marido e algo atordoada, pois de fato não sabia como pagar uma dívida que estava sendo cobrada por empréstimo bancário, e com data vencida, sentiu estranha corrente elétrica percorrer-lhe a espinha dorsal, pois a mão do homem que segurava a sua estava latejante, trêmula, quente, ardente...

Por estranha e instantânea simbiose, sua mão ficou assim também...

Mãos trêmulas de um homem e de uma mulher que se seguram são indicativo claro de que em ambos há vertigem mental, além de aumento irresistível e oportuno da ação das suprarrenais, injetando adrenalina na circulação periférica, desencadeando aceleração cardíaca, na sua função original de aditivar determinadas funções orgânicas.

Aí, já não serão só as mãos a tremular, e sim o corpo todo.

Nesse estado de exaltação dos sentidos, fruto do desejo sexual que irrompe qual repentina vazão de lavas vulcânicas, todos os pruridos se esfarelam, e com eles, a razão.

Nada mais importa no universo todo: nesse aluvião de lavas sensuais que incendeiam veias, só a satisfação imediata conseguirá arrefecer o crepitar da invencível chama do desejo.

Osvaldo e Abigail entregaram-se, mutuamente.

Moral, consciência, caráter, fidelidade conjugal (ambos, casados), família, futuro – e tantas outras vertentes de tais entregas –, desapareceram da mente de ambos, sob domínio integral da volúpia.

Neste mundo, será impossível um dia alguém saber quantas vezes isso já aconteceu e ainda acontecerá. Mas, também, como consequência, quão incontáveis foram, são e serão os desastres conjugais, familiares, sociais.

Quando Osvaldo retirou-se, sem manter qualquer sentimento ou ligação afetiva aos momentos havia pouco vivenciados com Abigail, pensava consigo mesmo que talvez não passasse de um grande logro aquela história da tal pedra preciosa grandona. "Sim", pensava, "se até agora essa pedra não apareceu, será que ela existe mesmo? Se estiver escondida, só pode ser por estas bandas. O dono da pedra está pirado, não para de furar o chão, procurando outras pedras iguais; o vizinho, que ele acusa de ser o ladrão, está no hospital, depois de uma bela surra dos dois irmãos, cujo pai morreu poucas horas depois da encrenca lá na roça deles".

Matutou um pouco e aí seu pensamento foi até Abigail: "e agora, com essa mulher que se apaixonou por mim, preciso ter muito cuidado, pois devo manter a postura, senão logo vão desconfiar...".

Chegando à delegacia, Valdir convocou-o à sua sala:

– Então, tem visitado as famílias? Alguma pista?

– Sabe, doutor Valdir, estive pensando e chego a duvidar da existência dessa pedra...

O delegado refletiu em silêncio alguns instantes e determinou:

– Amanhã vou com você fazer a visita às famílias. Em qual horário você calcula que encontrarei as crianças em casa?

A pergunta pegou Osvaldo de surpresa. Ficou pálido.

A consciência, "a velha consciência", como que o repreendendo pelos deslizes, fez com que ele conseguisse apenas balbuciar:

– Na parte... da tarde...

A Valdir não passou despercebido o vacilo do auxiliar. Sem atinar com qual seria o motivo, nem por isso deixou de registrar, no subconsciente, de que alguma coisa não estava exatamente acontecendo como devia.

No dia seguinte, pouco antes das dezessete horas, Valdir e Osvaldo chegaram à fazenda de Amarildo. Encontraram-no tratorando o chão. Abismaram-se com a quantidade de buracos pelo solo naquelas terras.

Amarildo desceu do trator e cumprimentou-os:

– Então? Cadê minha pedra? Já acharam?

– Boa tarde, senhor Amarildo – respondeu Valdir, logo acrescentando: – estamos diligenciando e por isso viemos aqui. Devo pedir desculpas por mandar meu auxiliar visitá-lo algumas vezes, mas é que imaginamos que algum detalhe pode ser lembrado, alguma coisa pode acontecer, alguma pista pode surgir...

– Não precisa desculpar-se. O investigador Osvaldo há tempos que não vem aqui...

Osvaldo ficou lívido, como se pressentisse que alguma coisa ruim estava para cair sobre sua cabeça. Valdir perguntou:

– O senhor viu, ouviu ou soube de mais alguma coisa com referência ao furto da sua pedra?

– Nada, doutor, nada.

– Pois é: sem provas, não há como seguir com o processo.

– Aperta o bandido que o senhor terá provas. Eu não vou desistir nunca até achar a minha pedra e tenho certeza de que existem outras por estas terras. Uma hora dessas vou achar uma mina inteira...

Jandira aproximou-se, vendo os policiais conversando com o marido e ao ouvir suas últimas palavras, não se conteve e atalhou:

– Estamos seriamente endividados... O Amarildo só pensa em esburacar o chão... Estamos gastando muito com combustível, e o trator, a cada dois ou três dias, quebra e lá se vai mais dinheiro para o conserto...

– A Anita vai indo bem na escola?

– Vai não, vai não. Frequenta um dia, falta dois. Está com muita raiva, dizendo que tudo de ruim que está acontecendo é porque a Fabíola, que era sua melhor amiga, não guardou o segredo.

Dali, delegado e investigador foram à casa de Joseval.

No trajeto, Valdir comentou com Osvaldo:

– A desconfiança desse homem contra Joseval e a cansativa atividade assemelham-se ao que, na mitologia grega, era denominado "trabalho de Sísifo".

Como Osvaldo demonstrasse desconhecer o que era isso, Valdir esclareceu:

– Uma das histórias a respeito de Sísifo narra que, desconfiando de Autólico, esperto ladrão que roubava seu gado e mudava a cor dos animais, teve a ideia de marcar os cascos de seus animais com sinais, de modo que, à medida que a rês se afastava do curral, aparecia no chão a frase "Autólico me roubou". Posteriormente, Sísifo e Autólico fizeram as pazes e se tornaram amigos. Sísifo morreu de velhice e Zeus enviou Hermes para conduzir sua alma ao Hades, onde Sísifo foi considerado um grande rebelde e teve um castigo: por toda a eternidade foi condenado a rolar uma grande pedra de mármore com suas mãos até o cume de uma montanha, só que, toda vez que ele estava quase alcançando o topo, a pedra rolava novamente montanha abaixo até o ponto de partida, por meio de uma força irresistível.

Valdir respirou fundo, e após prolongada pausa complementou:

– Por esse motivo, a tarefa que envolve esforços inúteis passou a ser chamada "trabalho de Sísifo". É o caso de Amarildo...

Osvaldo ainda quis saber:

– O que é "hades"?

– Hades, ainda na mitologia grega, é o deus do submundo e das riquezas dos mortos. O nome Hades era usado frequentemente para designar tanto o deus quanto o reino que governa, nos subterrâneos da Terra.

Chegando à Fazenda Santa Teresinha, foram recepcionados por Fabíola e Antero, que brincavam na frente da casa; Valdir pediu para falar com a senhora Abigail. Esta, que estava em afazeres domésticos, assomou à porta de entrada. Ao ver Valdir e Osvaldo, teve um grande susto. O olhar que dirigiu a Osvaldo, pleno de interrogações, fez com que Valdir desconfiasse, na hora, de que alguma coisa estava acontecendo entre os dois...

– Boa tarde, senhora. Podemos conversar?

– Sim, à vontade, doutor. O que desejam saber?

– Vim apenas me desculpar quanto às visitas que pedi para meu auxiliar realizar nestas bandas. Como até agora nada de novo surgiu sobre o furto da pedra que o seu vizinho diz ter achado, e acusou seu marido de ser o ladrão, estamos encerrando o caso, pois não há a menor prova que justifique a continuidade das investigações.

Saíram dali e não tinham se afastado muito quando viram Chico, que se dirigia da plantação para a casa. Valdir cumprimentou-o:

– Boa tarde, seu Chico. Tudo bem?

– Tudo bem, doutor. O senhor precisa de alguma coisa por aqui?

– Não. Só viemos informar que estaremos encerrando a sindicância, pois não conseguimos pistas concretas do furto. E sem provas, não há como continuar.

Chico, na simplicidade dos homens da roça, conquanto quase sempre contaminada de alguma oculta malícia, dirigiu-se a Osvaldo e comentou:

– Nem com as visitas que o senhor Osvaldo faz todos os dias aqui na fazenda, nada foi descoberto?

Valdir respondeu instintivamente, pois notou alguma sombra nas palavras do serviçal rural:

– Pois então, você já mostrou todos os possíveis locais onde, supostamente, o Joseval pudesse ter escondido a pedra?

Aí, Chico assumiu de vez o papel de delator, pois as visitas de Osvaldo, diárias e sempre quando as crianças não estavam, deixavam à tona que não vinha ali só para trabalhar:

– Nunca o senhor Osvaldo me pediu para ver a fazenda. Ele vem todos os dias aqui, de manhã, para conversar com a dona Abigail.

A palavra "conversar", Chico pronunciou-a olhando para o céu e apertando ligeiramente um lábio no outro, como se fosse sorrir, mas de fato não sorrindo.

Chico, honrado, leal – e espírita –, naquele momento agiu pensando em salvaguardar a integridade da família do seu patrão. Diante do que, mesmo a distância, presenciava entre Osvaldo e Abigail, há dias, não se conformava em ver aquele lar se desmoronando. Pensava principalmente nas crianças. De caso pensado, mesmo consciente de que não é adequado a ninguém acusar alguém, direta ou indiretamente, considerou ser aquela a única oportunidade para impedir tal desastre moral.

Osvaldo não conseguiu disfarçar grande desconforto.

Valdir pensou rápido: Amarildo disse que havia dias que o Osvaldo não aparecia lá na fazenda dele; quando chegamos à casa de Joseval, a esposa dele se assustou ao ver Osvaldo; agora Chico diz que ele vem todos os dias aqui e de manhã, isto é, quando as crianças não estão...

Prudente, encerrou ali esse diálogo, do qual saíam faíscas:

– Obrigado, pela colaboração. Boa tarde.

Voltaram à delegacia, sem que palavra fosse trocada no caminho.

Em lá chegando, Valdir foi objetivo:

– E aí, Osvaldo, o que você tem a me dizer?

Osvaldo conhecia bem a inteligência, a intuição e a capacidade analítica do chefe. Sem nenhum constrangimento, esclareceu:

– De fato, fui mais vezes lá na casa do Joseval. Acontece que a senhora Abigail sempre me pedia que fosse lá, pois se sentia arrasada e infeliz. Além do mais, a família está sem dinheiro... Ajudei um pouco...

Valdir fitou o auxiliar e disparou:

– Houve intimidade entre vocês?

A pergunta era forte, direta, contundente. Osvaldo não mentiu:

– Sim. Uma vez. Mas acabou...

Em casa, Valdir conversou com Eveline:

– Diga-me, filha, as meninas, Anita e Fabíola, são suas amigas?

– Sim, pai, gosto muito das duas.

– O pai da Fabíola está no hospital e lá na fazenda da Anita consta que aconteceu o furto de uma grande pedra, brilhante, muito valiosa...

Eveline interceptou o pai:

– Eu sei. Aliás, todo mundo lá na escola andou comentando sobre isso, mas agora ninguém mais se lembra dessa história. Inclusive, as duas brigaram feio, porque a Fabíola acha que o pai da Anita é o culpado de o pai dela estar no hospital e a Anita, por sua vez, diz que quem roubou a pedra foi o pai dela, Fabíola.

Parou alguns instantes, olhando para o chão e aduziu:

– Tornaram-se grandes inimigas. Já tentei fazê-las reatar a amizade, mas elas se recusam. Ainda hoje, a Anita rogou uma praga para a Fabíola...

– Praga? Que praga?

– Anita disse para Fabíola que ficaria muito feliz se o pai dela, o senhor Joseval, morresse logo, pois antes, um pouquinho, decerto teria de se confessar, e, aí diria para o padre onde escondeu a pedra que roubou.

– E o que a Fabíola respondeu?

– Rogou outra praga, ainda pior: disse para a Anita que ela é que ficaria feliz se o senhor Amarildo ficasse louco para o resto da vida.

– Meu Deus! Como isso está se tornando sério.

Pensando nas "pragas" que alguém lança contra alguém, o delegado lembrou-se de ter lido algo sobre isso, denominado "formas-pensamentos", as quais têm ação devastadora, primeiro no alvo e, depois, em choque de retorno à origem. Decidiu tentar interceptar esses verdadeiros torpedos astrais: ir à escola da sua filha e conversar com a classe, objetivando reatar a amizade entre Fabíola e Anita.

Como programara, no dia seguinte, Valdir foi à escola onde estudavam Anita e Fabíola e pediu à diretora que concedesse cerca de quinze minutos para conversar com a classe delas, onde, inclusive, sua filha estudava.

A diretora levou-o à sala de aulas e pediu à professora da classe que concedesse algum tempo para uma entrevista do doutor Valdir com os alunos, no que foi prontamente atendida.

A diretora dirigiu-se aos alunos:

– Atenção! Este é o delegado de polícia, o doutor Valdir, e ele quer trocar algumas palavrinhas com vocês. Vamos cumprimentá-lo.

Na mesma hora alunos e alunas exclamaram, no mesmo tom:

– Bom dia, doutor Valdir!

– Bom dia! Vim aqui apenas para contar para vocês que foi nesta escola que passei meus primeiros anos escolares. Aqui, aprendi a ler, a escrever e muitas outras coisas boas. Hoje, tive vontade de visitar e andar por esta abençoada escola, e conversar um pouquinho com vocês.

A seguir, Valdir dirigiu-se até a carteira onde estava Eveline e dando-lhe um suave beijo na cabeça disse:

– Por coincidência, nesta mesma classe eu cursei o terceiro ano do fundamental, assim como vocês, agora, juntamente com minha filha.

Voltou para a frente da classe e disse ainda:

– Quando crescerem hão de se lembrar com saudades desses tempos vividos aqui, com tantos colegas. Um poeta disse uma vez que "cada carteira escolar guarda muitas saudades, no mínimo uma, de cada aluno que um dia utilizou-a..."

Em tom bastante fraternal perguntou à classe se alguém gostaria de dizer algo ou fazer-lhe alguma pergunta.

Uma aluna, Pérsia, sapecou:

– Qual a saudade que o senhor escondeu na carteira dessa classe?

Valdir não se perturbou e serenamente respondeu:

– Se não me engano, minha classe tinha trinta e cinco alunos. Desses, três deles se tornaram amigos meus para sempre. Lembro-me ainda dos demais, mas amizade duradoura, bem sincera, só com os três.

Verificou que Anita e Fabíola estavam longe uma da outra.

Intentando reaproximar Anita e Fabíola, dirigiu-se à primeira:

– Qual é o seu pensamento sobre a amizade?

Sem titubear, Anita respondeu:

– Não tenho amigas. Amizade para mim não existe!

– Sempre você pensou assim?...

A menina corou. Baixou a cabeça e não respondeu.

Valdir não se perturbou. Aproximou-se mais de algumas alunas e fez-lhes as mesmas perguntas.

De modo geral, todas responderam que entendiam que a amizade é um sentimento que aproxima as pessoas e que ela se comprova quando um está com algum problema e o outro ajuda a resolvê-lo. Ao menos, tenta. Aí, Valdir fez uma pergunta coletiva, para toda a classe:

– E quando duas amigas se desentendem, o que os outros amigos e amigas delas devem fazer?

A pergunta, empregando o feminino como sujeito da frase agiu como um anestésico que silenciou os alunos.

Entreolhavam-se, desconfiados, percebendo, no ato, que o delegado referia-se ao "caso" (briga) Anita-Fabíola.

Foi Eveline, sua filha, que "teve a coragem" de responder:

– A gente dá um jeito de acabar com a briga delas.

– Alguém tem outra ideia de como refazer amizades abaladas?

Um aluno, Frederico, arriscou:

– A gente tenta convencer as duas a ficarem de bem, pedindo a elas que se abracem e curtam a amizade para sempre.

As duas olharam o coleguinha, e a Valdir não escapou a ternura do olhar de Fabíola. Ternura de quem ama. Prosseguiu:

– Todos vocês gostam de ter amigos? Por favor: quem gosta, levante o braço.

Todos concordaram.

– Então eu vou pedir um favor: que essas três fileiras da minha esquerda venham até aqui e fiquem de frente para o fundo da classe.

Quando essa metade da classe se posicionou como ele solicitara, continuou:

– Agora peço que os alunos e as alunas das outras três fileiras venham, um a um, ou uma a uma, e abracem os que estão de pé.

Fabíola estava entre a metade da classe que ficou de pé e Anita, na outra metade...

Iniciados os abraços, com os alunos que tinham ficado sentados agora formando fila indiana, quando chegou a vez de Anita abraçar Fabíola, elas se olharam fixamente, por alguns instantes. Em ambas, embora ainda nos verdes anos da vida, o olhar era de ódio. Ódio intenso.

Numa reflexiva atitude de repulsa, simultânea, Fabíola ficou de costas e Anita deu um passo largo, indo abraçar o aluno seguinte.

A classe toda percebeu o lance infeliz. Valdir nada disse.

Os abraços estavam terminando quando soou o sinal do recreio.

Logo a seguir, Valdir falou:

– Por favor, podem ir para o recreio e muito obrigado pela atenção que me deram. Peço apenas que Anita e Fabíola permaneçam mais dois minutinhos na classe.

Quando os demais alunos se retiraram, Valdir chamou as duas para irem até a frente. Disse-lhes, paternal:

– Não sou juiz nem tenho o direito de dizer se uma ou outra está errada, ficando de mal por causa dessa história da pedra. Mas uma coisa eu tenho para dizer sobre isso: como autoridade policial, já averiguei o possível e não há nenhuma prova de quem foi o ladrão da pedra.

As duas ficaram de cabeça baixa, olhando fixo para o chão...

Valdir prosseguiu:

– Não vale a pena perdermos amigos. Supondo – apenas supondo – que seja provado que foi fulano ou beltrano o ladrão, a Justiça se fará e ele será punido. Se ficar provado quem é o ladrão e se ele for um chefe de família, todos os familiares dele sofrerão muito, pois ele irá para a cadeia. A família sofrerá por passar tamanha vergonha e pela ausência do marido e do pai. E é quase certo que o objeto furtado, a pedra, voltará para o legítimo dono. Vocês já pensaram nisso?

Fabíola e Anita agora ergueram um pouco o olhar e depararam com a serenidade e a bondade do delegado.

Fabíola sentiu medo instantâneo, ao pensar na infelicidade que cairia sobre ela, o irmão e a mãe se por acaso seu pai fosse, de fato, o ladrão da pedra.

Anita, por sua vez, pensou no mesmo e raciocinou que, na verdade, só queria "sua" pedra de volta, e não tudo o mais que o delegado disse.

No íntimo de ambas, algo se movimentou e, refletindo no que acabaram de ouvir, entenderam que as duas não tinham razões para se tornarem inimigas. Estavam pensando nisso quando Valdir continuou:

– Essa pedra... Não sei se é ou não valiosa, pelo que investiguei, foi vista só pela sua família, não é, Anita?

– Sim senhor.

– Nesse caso, como alguém poderia ter furtado, se só sua família viu?

Anita sentiu-se encurralada, mentalmente. Compenetrou-se, na hora, que, na verdade, não tivesse ela contado o achado para Fabíola, nada daquilo teria acontecido.

Fabíola não escondeu um mudo, mas expressivo sorriso vitorioso.

Valdir fez alguns instantes de silêncio. Logo, disse a Fabíola:

– E, se quem ouve um segredo, guarda-o, ele também não se espalha, é ou não é, Fabíola?

Agora foi esta que ficou extremamente constrangida, pois se lembrou de que Anita pedira que jurasse que não contaria para ninguém o achado da tal pedra...

Com esse diálogo curto, Valdir conseguiu demonstrar com clareza às duas ex-amigas, que elas estavam equitativamente compromissadas com todos os lances posteriores à descoberta acidental da pedra.

Valdir, sempre falando com bondade e mansidão, culminou:

– Deixem a Justiça apurar o que aconteceu. Qualquer que seja o desfecho desse caso, nenhuma de vocês duas irá para a cadeia, mas na alma, talvez fiquem prisioneiras do remorso. Além do mais, e isso é o mais importante que quero passar para vocês, seja quem for o ladrão, ele é um infeliz, pois Deus, que tudo vê, no tempo certo fará com que ele venha a colher esses espinhos que ele próprio plantou.

Nesse momento, as duas garotas, presas de forte emoção começaram a soluçar. A princípio, apenas lágrimas escorriam levemente pela face de ambas. Mas, de repente, em cada uma pareceu que uma nuvem lacrimal irrompeu forte barreira. Desabaram a chorar. Em pranto convulso.

Protetor, Valdir colocou a mão no ombro delas e aconchegou-as ao seu peito. Sua camisa ficou molhada pelas lágrimas da paz e do perdão.

Como fizera com sua filha, Valdir deu um suave beijo na cabeça das duas. E, tal se fosse um enxadrista "do bem", ao qual se desse um feliz xeque-mate naquela situação, sugeriu uma agradável possibilidade para as duas:

– Deus, que é o Criador de tudo o que existe no universo, não fez só aquela pedra que o pai da Anita achou. Imagino, sem ser geólogo, que se uma pedra maravilhosa foi achada naquelas bandas, muitas outras, talvez do mesmo tamanho, menores e quem sabe, até maiores, devem existir dentro daquelas terras. No tempo certo, aparecerão...

Aguardou a reação das duas e vendo-as, agora asserenadas, convidou:

– Já que as duas vão achar muitas outras pedras nas suas terras, por que não se abraçam?

A princípio constrangidas, mas logo se rendendo à ação benigna da amizade, abraçaram-se, por fim, entre sorrisos e novos soluços, estes, agora, de alegria, pois por paradoxal que pareça, de felicidade também se chora.

Valdir opinou:

– Sugiro que vocês vão agora lá para o recreio. Com certeza seus outros colegas ficarão felizes vendo-as amigas, novamente.

Num gesto impulsivo, ambas deram um beijo na face do delegado.

Foram mesmo para o recreio e, de fato, quase todos os colegas aguardavam sua chegada. Quando alguns começaram a bater palmas, logo os demais os acompanharam.

Retornara a amizade entre Fabíola e Anita.

Sentimentos mascarados

SENTIMENTOS mascarados são sempre prejudiciais a quem os abriga.

O ser humano é pródigo em utilizar máscaras, quando um sentimento teima em sair da alma e entrar na vitrine da sua vida. Nessa vitrine a espontaneidade é artigo raro.

Quando Jesus declarou que somente àqueles de comportamento infantil as portas do Reino do Céu se abrem,[6] na verdade estava enaltecendo a espontaneidade, que neste planeta é encontrada por inteiro no reino infantil. Tal procedimento costuma ser encontrado na criança, até por volta dos sete anos. Daí em diante, por atavismo, atos reprováveis de vidas passadas começam a emergir.

Nas eclosões do amor entre homem e mulher, quando unilaterais, infelizmente, não é raro que o intolerável se mascare de desejável, isto é, de uma parte, expressões e atitudes

6. Mateus, 18:3 – "Em verdade vos digo que, se não vos converterdes e não vos tornardes como as crianças, de modo algum entrareis no Reino dos Céus".

adestradas, falsas, fazem que interesses ocultos e segundas intenções apresentem-se, respectivamente, como sinceridade, honestidade, clareza, etc.

Como consequência, sofrimentos chegarão, cedo ou tarde.

Anita e Fabíola, ambas com nove anos, já tinham em sua bagagem existencial algumas características marcantes, diferentes de algum tempo atrás, das doces menininhas que eram...

Consideravam-se mutuamente amigas de verdade.

No entanto, bastou um primeiro problema atravessar-lhes o caminho e ficou exposta a fragilidade dessa amizade.

Iam de braços dados, quando Frederico postou-se à frente delas:

– Oi.

– Oi – responderam a uma só voz.

– Qual das duas trouxe um lanchinho para o "papai" aqui?

As meninas entreolharam-se. Anita soltou o braço de Fabíola e disse, muito calma:

– Não somos suas filhinhas e nossos papaizinhos não são famintos. Quando querem comer, compram. Se quer lanchinho, peça para sua mãe.

Anita sempre se esquivava das aproximações forçadas de Frederico. Seus olhos ficavam felizes quando via Antero, mas seu coração, assim como o balanço que havia no velho jatobá, ia e vinha, ora mais alto, ora mais baixo, depois... A quietude. Passavam alguns dias e novos impulsos moviam também o pêndulo das suas emoções, ora parecendo amizade, ora parecendo amor.

Mas, com Fabíola, outro era o enredo dos seus sentimentos: amava, ou ao menos pensava que amava Frederico. E que era correspondida. Não era.

Assim, desautorizou Anita com rispidez:

– Que é isso, Anita? Isso não são modos de falar com ele.

– Ah, não? Então por que não dá seu lanche para ele?

– É justamente o que farei.

Assim dizendo, Fabíola abriu sua lancheira e ofertou o lanche para o adolescente que, vitorioso, todo prosa, ainda desdenhou Anita:

– Você continua a boba de sempre. Pensou que eu ia aceitar alguma coisa sua? "Se enxerga", menina, "se enxerga". Você não chega nem aos pés da Fabíola.

Assim dizendo, passou o braço pelo ombro de Fabíola que, envaidecida, apenas deu um sorriso sem graça, dirigido à amiga, como quem diz: " Viu? Quem mandou você ser tão boba?".

Muitos colegas assistiram a toda a cena.

A amizade entre elas, havia poucos instantes reatada, rompeu-se ali.

Fabíola, aborrecidíssima pela acusação contra seu pai, do que culpava Anita, diretamente; além disso, nutrindo paixão infantil por Frederico, não perdoou a amiga que não respeitou esse sentimento, do qual tinha conhecimento pleno. Pois então Anita não afrontou seu amor na frente de todos?

Anita, também aborrecidíssima porque, além de considerar que a amiga e confidente tinha traído sua confiança ao contar o segredo do achado da pedra, preferiu ficar com aquele metido do Frederico. Isso, um minuto depois de prometer que seria sua amiga para sempre, na presença do delegado Valdir. Pensava: "Ah!, essa humilhação que me fez passar diante de todos, não ficará de graça. Deus vai me ajudar a dar o troco...".

Incrível como o ser humano, tolamente, pensa que Deus toma partido...

Sentindo que o chão lhe fugira dos pés, Anita impulsivamente abandonou a escola e voltou para casa. No íntimo, martelava uma forma de jamais voltar lá. A melhor maneira que elegeu foi fingir-se de doente.

Quando Jandira viu a filha chegando, antes do horário costumeiro, estranhou e perguntou:

– Filha! O que aconteceu?

Simulando mal-estar respondeu baixinho, quase inaudivelmente:

– Estou com tontura. Preciso deitar.

Dirigiu-se para seu quarto e ali ficou o dia inteiro, prostrada.

De início, era fingimento, mas não tardou e, de fato, Anita começou a adoecer. Remoendo a contrariedade da manhã, com fixação na humilhação que Fabíola a fizera passar diante de vários colegas, um sentimento distante foi se aproximando da sua mente: vingança...

Jandira tentou descobrir o que a filha sentia. Tentou, tentou, e como não conseguiu que Anita falasse, acabou por desistir.

Naquele dia, como desde o descobrimento da tal pedra, Amarildo não voltava das intermináveis perfurações que vinha fazendo nas suas terras. Nem para almoçar parava de fazê-las. Só vinha à noite para casa e pouco se alimentava. Conversar, conversava menos.

Por repetidas vezes, a esposa tentou demover o marido daquela loucura, mas invariavelmente era repelida. Não prosperaram todas as tentativas de auxílio. Aí, Jandira recorreu para o transcendental poder feminino de conquista de objetivos: a sedução. Amorosamente, aguardou que ele se deitasse e com ternura passou a acariciá-lo.

Desde o desaparecimento da "famosa pedra" que o relacionamento conjugal entre ambos cessara, pois Amarildo deixara de vivenciar clima mental favorável a isso.

Qual se tivesse o cérebro concretado e dentro dele só a cobiça, qualquer outra emoção encontrava barreira intransponível.

Amargurada, triste e decepcionada, Jandira recorreu à prece, para que o desespero que rondava sua alma não invadisse sua mente.

Não conseguindo dormir, já era noite adiantada quando foi fazer uma pequena averiguação no estado de saúde da filha e encontrou-a febril, arquejando, murmurando palavras sem sentido. A única coisa que Jandira entendia era o nome "Fabíola", inúmeras vezes repetido.

Acordou Amarildo:

– Marido, marido: nossa filha está doente!

O homem resmungou:

– E o que é que eu tenho com isso?

– Amarildo, pelo amor de Deus! Anita precisa ser tratada.

– Pois, então, trate dela. Agora, me deixe dormir.

Jandira percebeu que não podia contar com ele. Decidida, pegou o telefone e ligou para o pronto-socorro municipal.

Meia hora depois, uma ambulância parou ali na porta da casa e o médico examinou a menina. Sem maiores análises, diagnosticou que a febre se devia ao fato de ela estar com infecção intestinal. Aplicou o medicamento que julgou necessário, fez recomendações de dieta especial e despediu-se, poucos minutos depois:

– Senhora, quando amanhecer, se ela ainda precisar, leve-a ao posto médico.

Amarildo sequer viu o médico, pois não se levantou da cama.

Sob efeito do remédio, Anita adormeceu.

Praticamente, Jandira não dormiu naquela noite, deu só alguns cochilos. Pouco antes de o dia começar, viu-se sozinha na cama.

Preocupada, foi ver a filha e constatou que a febre tinha passado; contudo, Anita apresentava ainda quadro de grande abatimento. E dores intestinais. Foi atrás do marido, no campo, que nem sequer desligou o trator quando ela se aproximou e pediu-lhe que levasse a filha ao médico.

Amarildo, mais uma vez, mostrou-se insensível e irresponsável, pois mandou a mulher cuidar daquilo e, a seguir, dirigiu o trator para os lados mais acima das suas terras, prosseguindo na frenética e, até ali, infrutífera busca de outras pedras de valor.

O homem tinha uma obsessão: encontrar pedras preciosas, de preferência, de tamanho maior do que "aquela" que lhe roubaram.

Vinha tentando encontrá-las. Dia após dia. Mas nada...

Uma voz recorrente, de alguém invisível, martelava-lhe: "*Prossiga! Prossiga! Você vai ficar rico! Rico!*"

Em meio à sua desvairada busca, o combustível do trator acabou, sem que Amarildo tivesse providenciado reposição. Voltou a pé para casa e ao chegar estranhou que nem a esposa, nem a filha estivessem.

Deduziu que tinham ido ao médico.

Telefonou para o posto de combustível e solicitou a entrega de cem litros do combustível de que necessitava. Surpreso e revoltado ouviu o atendente dizer-lhe que só poderia realizar a entrega se ele pagasse o que devia. Tentou dialogar com o funcionário e como ele não resolvesse nada, pediu que o dono do posto viesse ao telefone. Quando foi atendido, foi logo dizendo desaforos:

– O que é isso, agora? Então vocês estão me julgando ladrão?

– Não, senhor Amarildo. Ninguém aqui o considera ladrão. Acontece que sua dívida já é bem grande... Eu não tenho capital para bancar créditos longos e já faz mais de um mês que o senhor não me paga...

– Ora, ora, então você não sabe que minhas terras valem uma fortuna? Que nelas existe um tesouro enterrado? Eu estou quase a ponto de encontrá-lo e aí até poderei comprar seu posto.

– Tudo bem, tudo bem. Até que isso aconteça, por favor, dirija-se a outro fornecedor. Eu não vou processar sua dívida judicialmente. Esperarei que o senhor tenha condições de resgatá-la, está bem?

– Não. Não está bem coisa nenhuma.

Mal-educado, bateu o telefone sem se despedir.

Ligou para outro posto de combustível, mas teve o desprazer de verificar que seu problema de falta de pagamento já tinha se espalhado. Teve certeza disso ao ligar para outros três postos da cidade e nenhum lhe conceder crédito.

"Ache logo o tesouro! Ache logo o tesouro! Logo!". Essas as palavras que Amarildo ouviu, ou melhor, pensou que tinha ouvido, pois não havia ninguém por perto. Mas... A voz já lhe era conhecida...

Obediente, inconscientemente, às "ordens recebidas", Amarildo pensou: "Como achar meu tesouro se nem combustível tenho para meu trator?".

Surpreso, ouviu a mesma voz, vinda do mesmo lugar, isto é, de dentro da sua cabeça:

– *Ora, ora, vá de picareta....*

Sempre dominado interiormente, o rústico trabalhador rural apanhou a picareta e lá se foi para continuar esburacando suas terras, em busca do tesouro que o aguardava.

Muitas pessoas perceberam o desequilíbrio de Amarildo.

Chico, à distância, por semanas acompanhava o vizinho do seu patrão naquela atividade louca, que iniciava antes de o Sol nascer e que só terminava tempos depois de o sublime aquecedor celeste se esconder no horizonte.

Primeiro, tratorando as terras sem parar, cavando, cavando...

Nos últimos dias, trator paralisado, manualmente, com a picareta.

Sem dificuldade, percebeu que Amarildo não se mostrava saudável, pois toda hora cambaleava, qual se estivesse à beira de um desmaio. É que, depois de poucos dias de trabalho rude, com a picareta, o corpo de Amarildo não resistiu a tamanha desorientação e tanto desforço físico. Acrescido o fato de estar subnutrido.

Homem simples, caridoso, Chico intuiu que presenciava um daqueles dramas de que tinha notícia, por intermédio de espíritos infelizes que mediunicamente se comunicavam no centro espírita, no qual era um dos componentes do grupo dedicado à desobsessão.

Não foi diferente quando naquele dia logo cedinho, em meio às suas lides no milharal, ao aproximar-se do riacho que dividia as fazendas, Chico viu Jandira, que foi rapidamente ali e logo foi embora, e viu também Amarildo, estafado, mas sem parar, cavoucando o chão com a picareta. Observou pela manhã toda o comportamento daquele homem que até havia algum tempo era dócil e tranquilo, mas que agora se mostrava tão estranho.

De repente, mesmo de longe, Chico viu que Amarildo prostrou-se.

O humilde trabalhador na fazenda de Joseval tinha um salutar costume: sempre que tinha alguma dúvida, dava um jeito de se afastar de todos, procurava a sombra amiga de alguma árvore e orava. Invariavelmente, nessas horas, seus questionamentos e seus pedidos de solução para os dramas ou dificuldades se adequavam às possibilidades de se desenovelarem.

Percebendo o abatimento de Amarildo, dirigiu-se para debaixo de um frondoso jenipapeiro, vergado pelo peso de frutos no ponto, isto é, maduros.

Sabendo-se sem testemunhas humanas visíveis, pois acreditava que, invisíveis quase sempre as havia, olhou por entre os galhos para o céu tão azul e viu dois sabiás pousados num deles. De repente, não mais que de repente, os sabiás dispararam o seu agradável canto, quais se estivessem cumprimentando o homem que os olhava com tanto carinho. Nessa mesma hora, um jenipapo despencou das alturas e passou raspando na cabeça do Chico. "Por coincidência", logo outro jenipapo tirou nova fina nele...

Evidência outra não precisou o homem para saber-se, de fato, observado por espíritos, talvez daqueles que são chamados "da natureza", pois que vivem mesmo ao natural, ao ar livre, sempre próximos a florestas.

Com o costumeiro profundo respeito às coisas de Deus, disse em voz alta, como se conversasse com os dois sabiás, com o jenipapeiro e com os invisíveis guardiães da árvore que pressentia presentes:

"Deus, Pai Todo-Poderoso, que fez o Céu e a Terra: antes de falar o que vim fazer aqui, agradeço de coração essas demonstrações dos amigos da natureza que me dão a certeza de não estar só. Não sei se estou enganado, mas o dono da outra fazenda, o senhor Amarildo, está precisando de ajuda. Tem algum jeito de tirá-lo daquele tormento em que se encontra? Sei que procura algum tesouro nas terras dele, mas, do jeito que as coisas andam por lá, não vai demorar e ele não vai aguentar. Se eu puder ajudar aquele irmão, peço por caridade que surja uma oportunidade. Que Jesus tenha piedade dele. Assim seja!".

Só agora Chico deu-se conta de que os sabiás tinham parado de cantar quando ele começou a orar e, quando terminara a prece, voltaram com tudo. Mais uns três jenipapos caíram...

Chico não teve a menor dúvida. Apanhou os cinco jenipapos, que se mostravam apetitosos, ainda mais que era início da época para consumo deles, e num impulso, sem formular qualquer plano, foi ofertá-los para Amarildo. Atravessou o riacho e, ao se aproximar, viu o fazendeiro, suarento, as mãos com pequenos sangramentos, ajoelhado e apoiando-se no cabo da picareta, murmurando:

– Não posso mais, não posso mais... Deus me esqueceu!

Nisso, percebeu a presença de Chico e de arranco repeliu-o:

– O que você está fazendo nas minhas terras? Já não chega o mal que seu patrão ladrão me causou? Vai embora!

Sem dar mostras de ter ficado ofendido, Chico respondeu com humildade:

– É que vi o senhor lidando tanto nesse calorão e como eu consegui uns jenipapos, vim trazê-los para sua família.

Um pouco sensibilizado, Amarildo ainda foi ríspido:

– Já trouxe. Deixe aí no chão, que depois eu levo para casa.

Chico, pensando nos sabiás e na prece que fizera havia pouco, perguntou:

– O seu trator quebrou?

Amarildo foi pego de surpresa, pois notou bondade na pergunta. Disse:

– Quebrar, não quebrou... É que não tem combustível...

Na hora Chico captou que o que não havia por ali era dinheiro para comprar o combustível. Também num ímpeto, ofereceu:

– Eu tenho umas economias e, se o senhor quiser, posso emprestar para a compra do combustível. Esse trabalhão que o senhor está tendo não vai fazer bem para a sua saúde. O trator precisa funcionar.

A oferta alcançou o objetivo: amoleceu o homem da picareta.

Amarildo olhou demoradamente para Chico e, sob a influência do gesto amigo, não conseguiu esconder as lágrimas que surgiram do fundo da alma.

Desabafou, quase chorando:

– Foi Deus que te mandou!

– Sim, foi Deus.

Sempre agindo com intenção caridosa e sem deixar de pensar no jenipapeiro e "na turma que estava lá com ele", avançou para Amarildo e abraçou-o afetuoso, dizendo quase sem saber por quê:

– Quando Jesus morreu Pedro passou a curar enfermos e um dia, à porta do templo, vendo um homem coxo que pedia esmolas, disse-lhe com amor:[7]

"Não tenho prata nem ouro; mas o que tenho, isto te dou. Em nome de Jesus Cristo, o Nazareno, levanta-te e anda. Tomando-o pela mão direita o levantou; logo seus pés e artelhos se firmaram e, dando um salto, pôs-se em pé, e começou a andar."

Emocionados, um e outro, Chico comentou:

– Não sei por que falei isso, pois o senhor tem saúde e não precisa de esmolas.

Por inexplicáveis mistérios da vida, insondáveis à mente humana, Amarildo prorrompeu em pranto convulso, como a expulsar toda a angústia que trazia fincada na alma quais espinhos, e que as abençoadas lágrimas arrancaram, expondo essa angústia à luz solar, sob cujo calor a breves instantes se desintegrou.

Selando de vez o início daquela amizade, Chico, vendo aquele homem como um bebê, ainda brincou:

– Eu não sou Pedro, nós não estamos no templo, você não é manco e nem me pediu nada, mas estou feliz em poder ajudar.

Amarildo soltou todos os freios dos sentimentos e, se Chico não o amparasse, até perderia o fôlego, tamanha e tanta era sua emoção e tão escandalosamente altos eram seus soluços.

*

7. Atos, 3:1 a 10 - N.E.

No Estado de São Paulo, nos anos quarenta do século vinte, num dos livros do então terceiro ano do então curso primário, sobre a matéria escolar então denominada "linguagem", havia uma poesia no livro *Programa de vernáculo – 3ª série*, de Estêvão Cruz.

Eis essa poesia, inesquecível àqueles que então estiveram naquelas classes dos então grupos escolares:

O MILAGRE DO NORDESTE

Ante a desolação da terra comburida,
O homem, depondo a enxada, acurvado de mágoa,
Pôs o joelho no chão e mal pôde dizer:
– Deus! Com o Sol que me dás, tu me tiras a vida...
Manda-me por piedade um pouco d'água
Para o meu pobre gado não morrer!
E apontava com o braço escarnado a campina
Onde os trapos daquela imensa ruína
Mugiam com vergonha de viver

– Deus! Meu cavalo ontem morreu de fome e sede;
Enterrei-o envolvido em minha rede:
Era o que tinha de melhor para lhe dar.
E, sem poder dizer tudo o mais que sentia,
Os braços alongando à tarde que morria,
O homem, junto à enxada, atirou-se a chorar...
E sobre ele, choveu a noite toda, sem parar.

O poeta, notável pernambucano, cognominado "poeta das cigarras", Olegário Mariano Carneiro da Cunha (1889-1958).

Cito outra poesia, agora de Amaral Ornellas (1885-1923), extraída do livro *Instruções psicofônicas*, psicografia de Chico Xavier:[8]

A ORAÇÃO

A princípio, é um rumor do coração que clama,
Asa leve a ruflar da alma que anseia e chora...
Depois, é como um círio hesitante da aurora,
Convertendo-se, após, em resplendente chama...

Então, ei-la a vibrar como estrela sonora!
É a prece a refulgir por milagrosa flama,
Glória de quem confia e poder de quem ama,
Por mensagem solar, cindindo os céus afora...

Depois, outro clarão do Além desce e fulgura.
É a resposta divina aos rogos da criatura,
Trazendo paz e amor em fúlgidos rastilhos!...

Irmãos, guardai na prece o altar do templo vosso!
Através da oração, nós bradamos: – "Pai Nosso!"
E através dessa luz, Deus responde: – "Meus filhos!"

8. Chico Xavier. *Instruções psicofônicas*. 9. ed. (2. reimp.) Rio de Janeiro: FEB, 2008. Cap. 53.

As poesias se aproximam, desde que delas se extraiam as bênçãos da prece. Interessante notar que ambos os poetas foram contemporâneos.

Até parece que uma mesma forma-pensamento se aninhou na mente deles e produziu essas duas pérolas poéticas.

Ainda nesse contexto, há comovente passagem no livro *Iniciação – viagem astral*, do Espírito Lancellin,[9] na qual um espírito sofredor, perdido num antro de infelicidades do plano espiritual, exausto de tantos dissabores, em fala sumida, prestes a desmaiar, roga amparo a Deus. Luz pálida sai de seu coração e abre-se em flor, no topo do crânio. Nesse momento, outra luz, agora vinda do alto, vai até esse ponto luminoso do pedinte e paira sobre ele, vitalizando todas as moléculas daquele ser em sofrimento.

Ressaltando a sublimidade da prece, relembro ainda o caso "André Luiz", descrito no livro *Nosso Lar*, no qual esse abençoado autor espiritual, estando absolutamente exaurido após oito anos de sua morte, roga aos Céus o amparo e no mesmo instante esse se apresenta, na figura do bondoso Mentor Clarêncio. Depois... Bem, depois o planeta Terra recebeu de presente a incomparável série *A vida no mundo espiritual*, composta de treze livros, todos editados pela FEB, com psicografia do saudoso Chico Xavier, em alguns deles com parceria do doutor Waldo Vieira.

Agora, imagino que ficarei quase sem perdão: é que me lembrei do saudoso Luiz Gonzaga do Nascimento (1912-1989),

9. João Nunes Maia. *Iniciação* – viagem astral. Belo Horizonte: Fonte Viva, 1987. p. 405

nordestino de pródiga carreira musical, compositor e exímio acordeonista. Seus apelidos: "Rei do Baião", "Embaixador Sonoro do Sertão", "Velho Lua" e "Gonzagão". Da sua mais famosa canção *Asa branca*, que compôs em 1947, em parceria com o advogado cearense, Humberto Teixeira, repasso alguns versos, bem irmanados ao que vimos dos outros dois poetas também nordestinos:

> *Quando olhei a terra ardendo*
> *Qual fogueira de São João*
> *Eu perguntei, ai, a Deus do céu, ai*
> *Por que tamanha judiação?*
> *(...)*
> ***Por falta d'água perdi meu gado***
> ***Morreu de sede meu alazão.***
> (Grifos meus)

Ali mesmo, Chico sugeriu que Amarildo comesse ao menos um jenipapo. Sugestão que foi aceita, de pronto. Fez mais Chico:

– Senhor Amarildo, noto que seu milharal está passando da hora da colheita e que com tantos buracos no meio da plantação mais da metade já se perdeu. O milho do senhor Joseval já está quase todo colhido. O senhor não quer que eu o ajude na colheita do que restou?

– Bem que eu gostaria...

– Ué, e por que não colhe? Pare um pouquinho de escarafunchar a terra e cuide do que está garantido. Depois o senhor reinicia suas buscas.

– Primeiro, preciso achar uma coisa por aqui. Minha mulher está cuidando da Anita, que está doentinha. E eu sozinho não consigo mesmo colher toda a safra.

E proferiu heresia:

– Até parece que o Céu está contra mim...

– Não diga uma coisa dessas. Estou aqui, para quê?

– Você já tem seu trabalho lá... Na fazenda daquele ladrão... Não fica bem nem estarmos conversando...

– Deixe disso. Ninguém é meu dono. Vamos combinar o seguinte: eu vou contratar alguém para lhe ajudar, pago a empreitada da colheita e quando o senhor vender seu milho a gente acerta as contas. O combustível do trator, para os trabalhos no milharal, fica sob minha responsabilidade. Hoje mesmo vou lá no posto do Zé Pirulito para autorizar os abastecimentos necessários.

Amarildo olhou Chico como se estivesse diante de um dos apóstolos, até porque Pedro tinha sido citado havia pouco.

Chico, sem qualquer ideia de recompensa, disse apenas:

– Considere que Deus ouviu suas preces, mesmo que elas tenham sido mudas. Mandou-me aqui, como humilde ferramenta para consertar e atender sua momentânea necessidade.

Ah! As lágrimas... Adoram surgir de repente junto com emoções fortes, felizes (ou infelizes)... E sem perguntar se podem aparecer...

E não deu outra: lá estava Amarildo, chorando de novo!

Chico, quase que sem pensar, convidou:

– Vamos orar? *Pai nosso que estais no Céu...*

Amarildo acompanhou-o, voz embargada.

Chico despediu-se, deixando um convite:

– Frequento um centro espírita e se o senhor quiser ir até lá, me avise.

– Eu não sou espírita...

– Por isso é que eu disse se o senhor quiser ir. Lá fazemos preces, estudamos *O Evangelho Segundo o Espiritismo*, que explica todas as lições de Jesus. E também realizamos reuniões mediúnicas, destinadas a ajudar a quem se encontra desorientado, com alguma necessidade, etc.

– E que dia que isso acontece?

– No seu caso, o senhor pode ir aos domingos, à noite, para assistir a uma palestra e se quiser receber passe. Quanto à sua filha, ela poderá se matricular no curso de educação espírita para crianças, sábados à tarde.

– Mas, nessas reuniões de ajuda, eu não posso ir nelas?

– Por enquanto, não. Mais tarde, talvez. Dessas reuniões fazem parte apenas médiuns que já estudaram as obras espíritas básicas, de Allan Kardec, principalmente o *O Livro dos Médiuns*, e que estão em condições de ajudar, por serem portadores de alguma faculdade mediúnica. É mesmo de boa prática nos centros espíritas que os componentes do grupo mediúnico, passem antes por esse mesmo período de estudo, aprendizado e engajamento em atividades caridosas, antes da prática evangélica mediúnica.

Amarildo resolveu voltar para casa e, lá chegando encontrou-a vazia. Estranhou, pois àquela hora Jandira deveria estar por ali e Anita também, já retornando da escola. Não havia almoço pronto...

Nisso, recordou que, na noite anterior e na manhã daquele dia, Jandira dissera que a filha estava doente e pedira que ele a levasse ao médico... E havia poucas horas tinha ido pedir ajuda a ele.

Aflito, sem saber o que fazer, telefonou para o pronto-socorro e confirmou seu temor: a filha estava internada lá.

Dirigiu-se o mais rápido que pôde para o hospital e, ao chegar, viu a esposa sentada na sala de espera. O caso de Anita não era grave, porém ela precisava receber soro e outros medicamentos.

Amarildo captou que a recepcionista olhara para ele com reprovação. "Por quê?", pensou.

No mesmo instante, ouviu a perturbadora voz dentro da cabeça dele:

"Ela falou mal de você, espalhou para todo mundo que a menina parece que não tem pai e que ela não tem marido..."

Já ia embora o Sol quando voltaram os três para casa.

Ninguém dizia nada.

Cada um trazia um drama na alma: Anita, ódio por Fabíola; Jandira, vazio existencial pela conduta do marido; Amarildo, obsessão pelo encontro de novas pedras preciosas no seu chão, quais aquela que por toda a eternidade até então dormira tão próxima e tão inimaginada.

Jandira acomodou a filha, para o descanso recomendado pelo médico e, a seguir, preparou o jantar, que foi servido sem que palavra fosse pronunciada, nem por ela, nem pelo marido.

Num determinado ponto da refeição, Amarildo olhou fixamente para a esposa e contou:

– O Chico me procurou hoje. Ofereceu empréstimo para ajudar na nossa colheita de milho e para a compra de combustível para o trator.

Jandira nada disse. Sequer ergueu o olhar para o marido, ela, de cabeça baixa, olhava o prato de comida, sem se alimentar.

Amarildo exasperou-se:

– Você escutou o que eu disse?

– Sim.

– É só isso que tem a dizer?

– E o que mais você quer que eu diga?

– Ao menos, que nós vamos poder resolver nossa situação...

– Resolver? Resolver?

A mulher, agora sim, levantou a cabeça e enfrentou o olhar do marido.

– E não é? – inquiriu Amarildo, alterado também.

– Não! Não é! Nossa situação só se resolverá quando você abandonar essa ideia absurda de encontrar outra pedra! Não vê que aquela pedra só trouxe problema para nós? Será que perdeu o juízo?

– Quem perdeu o juízo foi você. Então não raciocina que se não fosse aquele ladrão sem-vergonha, por essas horas nós estaríamos ricos?

– Talvez isso seja verdade. Mas uma vez que não existe mais a tal pedra, isso não é motivo para você abandonar sua família.

– Você não está bem. Como é que me diz uma coisa dessas? Eu não estou aqui?

– Não, você não está aqui. Desde que teve essa ideia maluca de achar pedras preciosas nas nossas terras, você só vive pensando nisso. Na verdade, eu nunca vi uma loucura como essa sua. Você imagina o que as pessoas devem estar dizendo disso tudo?

– Ora, ora, as pessoas que vão para o inferno. Fique sabendo que o Chico, acreditando no meu projeto de ficar rico, veio me fazer ofertas, como eu contei.

Olhou para a mão, fechou o punho, deu um soco no ar e vociferou:

– Ele não me engana! O que quer é sociedade.

Literalmente rosnou, como se falasse com um interlocutor invisível, com os olhos vidrados e dirigidos para um ponto fixo, na parede:

– Hã... Hã... Ele que fique na esperança. Não sou bobo!

A mulher, não mais se contendo, disparou:

– Você se esqueceu que é meu marido? Ou será que eu estou mesmo ficando louca e sou viúva de marido vivo?

O rumo da conversa descambou subitamente para um terreno dos mais perigosos, ou seja, o do relacionamento conjugal quando em crise...

Pego de surpresa, Amarildo, conturbado e em descontrole, sentiu o sangue subir-lhe à cabeça e, desprezando o mínimo de respeito devido à esposa, foi de infelicidade ímpar:

– Eu estou casado é com a pedra. Com a minha pedra! Quando eu recuperá-la, você me procure. Até lá, me esqueça.

Assim dizendo, recolheu-se ao leito.

Jandira, pela primeira vez na vida de casada, não o acompanhou; foi para o quarto de Anita e lá passou a noite, abraçada à filha, chorando ambas. A menina, de raiva da ex-amiga; e a mãe, pelo abandono conjugal imposto pelo marido – as duas, registrando painel mental de humilhação.

Noite difícil, para elas... Pouco dormiram. E quando isso acontecia, eram visitadas por pesadelos. Logo acordavam e, após longo tempo acordadas, voltavam a adormecer. Voltavam também os sonhos ruins.

Anita, fragilizada pelas ideias de vingança, que sempre vampirizam a paz de quem as abriga na alma, foi influenciada por outro fator, que impulsionou sua mente mais para longe da paz: seu pai, que sempre demonstrara amá-la, havia tempos nem mais dizia um bom-dia ou uma boa-noite. Estivera doente e ele não tomou conhecimento disso.

Concluiu: "Definitivamente, estou na escola errada, moro no endereço que só me trouxe problemas, com esse negócio da pedra brilhante, perdi meu pai, perdi minha melhor amiga e ganhei uma inimiga... Só minha mãe me entende...".

Forças espirituais benéficas haviam sido postas a benefício de Amarildo, a partir da bondade de Chico. Contudo, sua ambição era maior do que a indispensável postura de equilíbrio emocional e moral para que elas agissem.

Sua conturbação foi quem agiu, qual porta fechando-se a esse auxílio.

Enquanto persistir tal barreira, não há a menor possibilidade de o necessitado receber a ajuda dos Céus, de forma direta. Pois que, tamanha e tanta é a bondade do Criador que, de forma indireta, a ajuda ainda e sempre o alcançará, nesse caso por meio da magnânima professora: a dor!

Sim, quando, em clima de resignação, agem naturalmente os meios mais simples do amparo divino. Contudo, diante da rebeldia, da reincidência no erro, da insensatez – tudo isso de forma consciente ou inconsciente, como nos processos obsessivos –, aí então novos meios são acionados. Ao réprobo contumaz, desertor da harmonia no viver, quase sempre agente da desarmonia em outrem, só restará a inevitável educação compulsória, com sofrimentos necessariamente pedagógicos. E o aluno da dor, malgrado o inesperado das lições iniciais, ante a bênção dos seus primeiros efeitos balsâmicos, logo a abençoará.

A invigilância de Amarildo trouxe para seu lar o negativismo espiritual que acabou por contaminar a esposa e a filha, cada uma com suas contrariedades.

Desestruturação familiar

QUANDO O DIA amanheceu, Jandira levantou-se e, zelosa, dirigiu-se à cozinha para preparar o café matinal. Logo percebeu que Amarildo já não estava mais em casa.

A seguir, Anita levantou-se e disse à mãe:

– Nunca mais pisarei naquela escola!

Anita assustou-se, não tanto pelo significado do que ouvira, mas pelo tom com que as palavras foram ditas.

Ela também, nos longos momentos de insônia, diante do problema que sua alma vivenciava, formulara mil pensamentos, todos desembocando na única "solução": afastar-se do marido.

Foi esse clima mental da mãe, que a filha incentivou com as próprias vibrações, ante a ideia de afastamento de tudo: de Amarildo, da escola, daquele endereço, daquela cidade...

Não era isso mesmo que Jandira também elegera?

No coração de ambas sequer perpassou a consequência daquele ato, se efetivado: afastando-se assim do cenário que as maltratava, estavam, na verdade, desestruturando a família, posto que a companhia de Amarildo estava fora das cogitações, de uma e de outra.

Se assim pensaram, assim fizeram – forças psicológicas e coragem duplicadas pela sintonia vibratória que as envolveu, qual se plugassem a mente na mesma corrente psicoeletromagnética, isto é, pensamentos e emoções de uma, eram os mesmos de outra.

Jandira arrumou mala com seus trajes e pertences.

Anita, que não ouvira uma única palavra da mãe, não obstante, viu o brilho no olhar materno falando alto, bem alto, que era isso mesmo que ela também queria. E que era hora de partirem. Mas, para onde?

Jandira, como se a pergunta fosse feita em voz alta, respondeu:

– Vamos para casa dos seus avós.

E a casa dos pais de Jandira situava-se numa pequena cidade, pouco afastada daquela em que moravam.

Dessa forma, quando Amarildo retornou do campo, horas passadas do horário normal para o almoço, encontrou a casa sem a mulher e a filha.

Deduziu, no ato, que novamente tinham ido "fazer barulho e escândalo contra ele" lá no hospital. Pois não fora isso que acontecera no dia anterior? Jandira não levara a filha e insinuara para os atendentes que o pai "não tinha tempo para cuidar da menina, só pensando em furar o chão?". "E que ela, Jandira, não mais tinha marido?".

Revoltado diante da ausência da esposa e da filha, nem se alimentou e retornou às bizarras lides relacionadas à procura do tesouro que, cada dia mais, acreditava estar escondido em suas terras.

À noite, voltou para casa. Jandira e Anita lá não estavam.

Alguma coisa despertou um ligeiro desconforto em sua mente.

Comeu algum alimento que ele próprio preparou e foi dormir.

Não conseguiu.

Várias vezes ergueu-se do leito, solitário, medo aproximando-se.

"Medo de quê?", perguntava-se, sem obter resposta.

Ensopado de suor, em grande aflição viu a noite ir embora e o dia chegar. Tentou levantar, mas não conseguiu. Faltaram-lhe as forças.

De repente, o teto começou a rodar e seu peito ficou apertado, como se o coração quisesse saltar dele. Desmaiou.

O Mais Alto jamais abandona o andarilho que se perde na estrada da vida e assim é que, sob inspiração de protetores espirituais, Chico captara, sem dificuldades, a indicação de que devia ir procurar o vizinho do seu patrão.

Não identificou, de pronto, que, na verdade, era naquela hora, instrumento do amor de Deus. Simplesmente obedeceu ao impulso que sem qualquer justificativa o assaltara, em meio à colheita no milharal.

Apanhou umas boas espigas de milho e pensou em levar para a família do senhor Amarildo.

Quando chegou e se certificou de que algo estranho estava acontecendo ali, foi da entrada da casa, que estava com a porta trancada, até a janela dos quartos, nos fundos. A janela do quarto de Anita estava fechada, mas a do casal estava aberta. Foi assim que, dando uma discreta espiada, assustou-se quando viu Amarildo só, como morto. Chamou-o diversas vezes, sem resposta. Decidido, pulou a janela e aproximou-se do dono da casa, que jazia imóvel, mas com suor abundante.

Nem precisou de tempo para diagnosticar que aquele homem estava muito doente e que precisava de atendimento médico com urgência. Providenciou a vinda de uma ambulância e, assim, Amarildo foi levado para o hospital, onde permaneceria hospitalizado por algum tempo.

De imediato também o médico atendente, que viera na ambulância, diagnosticou fraqueza por desnutrição, acompanhada de febre intestinal, justificando a febre alta, com o quadro acrescido, talvez, de alguma virose.

Quando despertou, contou para Chico e para o médico:

– Minha mulher me abandonou e levou nossa filha.

– Para onde? – perguntou o médico.

– Só Deus é quem sabe.

Nos dias que se seguiram Chico providenciou a colheita do milharal de Amarildo, visitou-o diariamente no hospital, pediu e conseguiu uma autorização por escrito para negociar a venda, que realizou de acordo com os padrões do mercado.

*

Acontece que, simultaneamente, quando Jandira deixara o lar, levando a filha, lá na casa de Joseval também eclodia um drama de grandes proporções, resultando em desfazimento daquele conjunto familiar.

Abigail, a esposa de Joseval, diante da internação dele e o diagnóstico de provável incapacidade física permanente, carecendo de cuidados até o último dia de vida, revoltara-se diante daquela "armadilha que a vida aprontara para cima dela".

Revolta diante das provações é caminho seguro para sua multiplicação.

Foi o que aconteceu, aliás, como sempre acontece nos difíceis transes em que os envolvidos, longe de rogar forças a Deus para aclarar, administrar e suportar tais percalços, esgotando-os – dificuldades essas que foram plantadas e implantadas por eles próprios –, entregam-se a ajuizar negativamente a vida, esta, sempre uma bênção, enquanto existência terrena.

Os encontros de Osvaldo com Abigail tornaram-se rotina. Sempre na parte da manhã, a plena luz do Sol, na casa dela.

Ambos já nem se importavam com o equívoco em que incorriam e que era já do conhecimento de algumas pessoas, a partir do empregado Chico.

O próprio delegado já advertira por algumas vezes o seu subordinado, alertando-o quanto ao inconveniente profissional e social do investigador.

Até que um dia, quando faltou água na escola em que estudavam Fabíola e Antero, eles estavam no ponto de ônibus para regressarem ao lar quando o delegado viu-os.

Valdir, atendendo telefonema de Eveline, fora de carro buscá-la na escola e, por bondade, ofereceu-lhes uma carona, embora onde moravam nada tinha a ver com seu endereço.

Os irmãos aceitaram, até porque eram amiguinhos de Eveline.

Porém... Quando se aproximavam da casa de Joseval, Valdir viu o carro de Osvaldo estacionado lá. Sempre por bondade, intuindo o que estava acontecendo naquela casa, mudou o rumo do veículo e disse aos irmãos que ia oferecer um sorvete à filha e a eles... Só não contava com a recusa, tanto de Antero quanto de Fabíola, que também tinham avistado o veículo de Osvaldo.

Não houve jeito de Valdir convencê-los a dar uma volta.

Antero, em grande desconforto e em tom alterado pediu, ou melhor, exigiu:

– Doutor Valdir, por favor, pare o carro.

Após descerem do veículo, agradeceram e completaram o percurso até sua casa, adentrando sem fazer ruído. Melhor, muito melhor, teria sido aceitarem o convite de Valdir, eis que depararam com uma cena devastadora para a vida deles: a mãe e o investigador entregues a carícias amorosas.

O que viram, jamais esqueceriam.

O trauma, de ação instantânea, seria permanente neles, durando até o último dia de sua existência terrena e talvez se prolongando depois...

– Mãe! – exclamaram a uma só voz e a um só tempo as crianças.

Sob reação intempestiva, absolutamente sem controle, o desequilíbrio mental desorganizando todas as estruturas da vida deles, saíram dali em corrida maluca, caindo e tropeçando, jogando longe o material escolar.

Valdir, com a experiência profissional de tantos anos nas lides do dia a dia na atividade policial, não tinha se afastado. Decidiu, quase que de forma inconsciente, permanecer por perto alguns minutos, a bordo de intuição que visitou sua mente, desde quando avistou o carro de Osvaldo.

Foi feliz essa atitude, pois, vendo os irmãos deixando a casa em desespero e chorando, por sua vez, desceu do carro, correu até eles e os acolheu, qual se fossem seus filhos.

Providencial ajuda essa, em que alguém tão sofrido encontra quem o ampare em atitude exclusiva de fraternidade.

Nada perguntou a Fabíola e Antero.

Simplesmente, acomodou-os no seu veículo e levou-os para a cidade.

No trajeto, as crianças apenas choravam.

Eveline, por compaixão, carinhosamente passava a mão na cabeça, ora de Fabíola, ora de Antero.

Quando se aproximou da casa dos pais de Joseval, segundo indicaram ao delegado, os irmãos, ainda chorando, desceram do carro e foram acolhidos pelos avós paternos – Asdrúbal e Eunice –, que também ficaram perturbados diante daquele encontro inesperado.

Antes que interrogassem os netos ou o delegado, este lhes disse:

– Seus netos tiveram uma surpresa desagradável e sugiro que os aguardem se refazer para depois conversarem com calma. Se precisarem de mim, estou à disposição, na delegacia ou em minha casa.

Mas Antero, jogando aos ares para quem quisesse ouvir, gritou:

– Não volto nunca mais àquela casa...

– Nem eu – confirmou Fabíola, desconhecendo ambos que "nunca mais" é muito, muito tempo. E para a eternidade, isso não existe...

– Mas – perguntou assustado Asdrúbal, o avô –, o que aconteceu?

– Mamãe estava traindo papai...

– Por Deus! Que história é essa? – atalhou agora Eunice, a avó.

Antero encerrou o desabafo:

– Pergunte para mamãe e para aquele policial, o investigador...

Valdir levou a filha para o lar e dirigiu-se à delegacia.

A mente trabalhava com mil hipóteses, mil e um pensamentos, mas uma única ideia: tentar, de alguma forma, impedir que aquele drama escapasse do controle, afetando de forma trágica os envolvidos, sabendo que estava em jogo o futuro das respectivas famílias. Agora, não apenas a família de Abigail e a de Osvaldo, mas também a dos avós das crianças.

Meia hora depois, Osvaldo entrou na delegacia e dirigiu-se para sua mesa, sequer indo à sala do delegado. Mas este deixara ordens para que o investigador falasse com ele, assim que chegasse.

– Com licença, doutor.

– Entre, Osvaldo.

– O senhor queria falar comigo? Algum caso novo?

– Isso depende de como vamos enquadrar seu relacionamento com a esposa do senhor Joseval, aquele que teria furtado uma pedra valiosa do vizinho, mas que se encontra hospitalizado...

Ouvindo isso, Osvaldo se fixou na palavra "pedra", pois teve a sensação de que algo caíra sobre a cabeça, talvez uma pedra, talvez um pedaço do teto da delegacia, ou, quem sabe, o teto inteiro...

Pego de surpresa diante do chefe, tendo havia pouco passado pelo dissabor de ser pego em flagrante pelos filhos de Abigail, teve um branco mental e nada respondeu.

Valdir, tão correto quanto enérgico, considerou:

– As duas crianças entraram pelos fundos da casa do senhor Joseval. Nem bem ia me afastando quando elas saíram chorando, absolutamente descontroladas. Eu as levara até lá porque não houve aula, pois estava indo para casa com minha filha, que também estuda na mesma escola e dei-lhes carona. Vi seu carro estacionado e não me aproximei, mas não me foi difícil imaginar o que estava acontecendo dentro daquela casa... Novamente, dei carona para os filhos da senhora Abigail e levei-os para a casa dos avós.

Fez silêncio, no que foi acompanhado por Osvaldo. Logo, retomou:

– Não sou juiz, assim não o estou julgando. Contudo, ante a responsabilidade do meu cargo, não posso ignorar o acontecido. Antes de qualquer providência, pensando no bem do serviço na minha delegacia e diante da nossa corporação, quero saber se você tem consciência do que pode vir a acontecer, principalmente com a sua família e com a do senhor Joseval.

Respirou fundo e complementou, com firmeza:

– Fatos consumados, dessa natureza, em que o que está em jogo é o futuro de crianças, de familiares e do próprio conceito da polícia, não permitem atitudes vacilantes ou levianas. Exigem que responsabilidades sejam assumidas, com os ônus decorrentes.

Finalizou:

– Você entendeu?

– Sim, doutor. Peço perdão ao senhor, mas de fato fraquejei...

– Muito bem. Não me peça perdão. Seja forte agora. Você está dispensado por hoje. Vá para sua casa, medite bastante. Amanhã, espero que você indique a alternativa mais viável quanto ao seu desempenho profissional. Eu também vou pensar nisso.

– Ah! – disse ainda Valdir, quando Osvaldo se retirava – a oração sincera, em qualquer circunstância, principalmente em situações difíceis é sempre a grande conselheira.

– Sim, doutor, vou fazer isso.

– Esteja certo de que eu também.

*

No dia seguinte, antes mesmo do início do expediente, Valdir já se encontrava a postos e recebeu Osvaldo, que sem delongas declarou:

– Bom dia, doutor Valdir. O caso está complicado. Contei para a Vânia, minha mulher, na esperança de que ela compreendesse e me perdoasse, mas a coisa lá em casa degringolou. Vânia quer se separar e de forma alguma aceita mais minha companhia. Como o doutor Edson, meu sogro, é advogado, ela foi para a casa dele e prometeu jamais retornar à nossa casa... Ainda bem que não temos filhos.

– Dentro dessa configuração, não restam muitas alternativas. Se o caso vai para a Justiça, nada posso fazer.

Mal Valdir dissera essas palavras, foi avisado por Agostinho, que também viera mais cedo, de que o doutor Edson queria falar com ele.

– Mande-o entrar.

Quando Edson entrou na sala de Valdir e viu Osvaldo, dirigiu-lhe um olhar de ódio. Disse ao delegado:

– Solicito, doutor, que seu subordinado nos deixe a sós, pois a presença dele, para mim, é altamente inconveniente, por ser desprezível.

Antes que Valdir pedisse a Osvaldo para se retirar, ele saiu.

Edson narrou o que Valdir já sabia. Informou, ainda, que estava providenciando o processo para o divórcio de Vânia, sua filha. Disse:

– Se o senhor me permite, não como sugestão, mas como apelo de um pai revoltado ante a injúria do seu auxiliar à minha filha, peço que ele seja transferido desta cidade, pois ontem mesmo, após ser posto para fora de casa, passou a tarde e a noite com a amante, que, por sinal, é casada...

Tal fato sinalizava que mais uma família se esboroava.

E que Osvaldo e Abigail, de fato, fortaleceram sua ligação.

O sogro sugerir ao delegado a transferência de Osvaldo não passou de simples recado, pois, já em tão pouco tempo, movimentara conhecidos influentes para que isso acontecesse.

Quando Edson se retirou, Valdir chamou Osvaldo e determinou:

– Você está fora do caso da tal pedra preciosa que foi furtada. E também está proibido de se dirigir à residência do suspeito. Entendeu?

Osvaldo entendeu, sim. Baixou a cabeça, humilhado.

Nesse momento, Agostinho assomou à porta e anunciou:

– Doutor... A mulher do senhor Joseval quer falar com o senhor.

Osvaldo ficou pálido. Quis se retirar, mas Valdir sugeriu:

– Nada disso, fique aqui. Afinal de contas, você precisa saber quais são os pensamentos dessa senhora...

Quando Abigail entrou e viu Osvaldo, começou a chorar.

Valdir amparou-a. Ofereceu uma cadeira e disse que iria buscar um copo de água. Na verdade, sua intenção era deixar os dois a sós, para conversarem e decidirem que providências tomariam.

Quando voltou com a água, Abigail estava, de fato, dialogando com Osvaldo. Pegou o copo de água, bebeu-a e disse ao delegado:

– Obrigada, doutor. Fiquei sabendo que o senhor ajudou meus filhos a irem para a casa dos avós. Chico me disse ontem que viu o senhor levar meus filhos de carro. Eu imaginei que eles viessem ver o pai, no hospital. Mas, quando cheguei lá, encontrei meu sogro falando mal de mim para meu marido...

Valdir só ouvia, expressão impassível, nem condenatória, nem aprovatória. E Abigail prosseguiu:

– Perguntei por meus filhos e meu sogro disse que estavam na casa dele, onde passariam a morar. Proibiu-me de visitar as crianças e até chegou a me ameaçar, dizendo que nunca mais eu teria a companhia deles, pois cuidaria disso na Justiça.

Deu um grande soluço e inquiriu, diretamente:

– O que o senhor acha desse abuso? Eu não tenho razão? Vim aqui pedir ao senhor que tome uma providência. Quero meus filhos comigo! Não é porque ele é advogado que pode me atingir assim.

De forma bem tranquila, Valdir perguntou:

– Antes de qualquer comentário da minha parte, diga-me, por favor, o que a senhora fez ontem, desde a hora em que as crianças saíram chorando da sua casa?

A pergunta pegou Abigail totalmente desprevenida. Gaguejou:

– Eu? O que fiz? Fui procurar meus filhos...

– A senhora não está entendendo minha pergunta. Vou repetir: vi seus filhos saírem bem antes do almoço da sua casa. Saíram chorando, após presenciarem algo extremamente doloroso para eles. A senhora só está vindo aqui hoje. O que fez ontem o dia todo?

Abigail olhou assustada para Osvaldo.

Valdir confirmou, no mesmo instante, onde ela estivera: com o amante!

Dirigindo-se agora aos dois, foi textual:

– Nada pode ser feito, até que as partes prestem queixa ou testemunho, para que a Justiça aja adequadamente. Se a senhora quiser se queixar de algo, e penso que sim, vai querer, é só dirigir-se ao escrivão e prestar as declarações sobre esse triste fato.

Osvaldo, calado até então, calado permaneceu, não sem antes dirigir um olhar de reprovação a Abigail. Pediu licença para se ausentar e saiu.

Logo Abigail também deixou a sala do delegado e não prestou queixa, como sugerira Valdir. Osvaldo esperava-a do lado de fora da delegacia e repreendeu-a raivosamente por ter ido procurar o delegado:

– Então isso é coisa que se faça? Eu não disse ontem que daria um jeito de tudo se resolver? Agora você estragou tudo e me comprometeu.

Complementou, determinando:

– Nem pensar em prestar queixa. Se fizer isso, nós dois seremos envolvidos em processo que só trará prejuízos. E você perderá de vez o direito de ter os filhos ao seu lado.

– Tudo o que fiz, foi por amor. A você...

– Também a amo. Mas agora é preciso muito cuidado. Muito! Nós não devemos mais nos encontrar...

Lágrimas incontidas molharam o belo rosto de Abigail, que saiu dali e foi para sua casa.

*

Terminada a colheita do milharal, Benício e Osório decidiram que era hora de vender o tesouro que o regato escondia. Nem precisaram pensar mais de uma vez para aprovarem essa ideia. Benício decidiu que sondaria como realizar a venda, numa cidade no interior do país, onde ouvira dizer, havia grande movimentação de contrabando de pedras preciosas. Leigo em gemas (nome geral das pedras preciosas), quanto às suas características comerciais, quase sempre clandestinas, não soube explicar exatamente o que tinha a alguns contrabandistas. Houve um deles, porém, que fez uma proposta: que um emissário seu, "entendedor de gemas ao natural", isto é, após serem extraídas das jazidas, faria uma vistoria e depois acertaria a compra. Sem muitas opções, aliás, apenas com essa opção, Benício retornou à sua cidade, em companhia de Onofre, o homem da confiança do "patrão", como se referia ao contrabandista que o contratara.

Onofre examinou a grande pedra. Percebeu, à primeira vista, que se tratava de um fabuloso tesouro. Contudo, sem demonstrar o mínimo interesse, fez uma oferta irrisória, que chegou a irritar os irmãos.

Sempre bom negociador, dobrou a oferta, triplicou-a, quadruplicou-a. Os irmãos se mostravam irredutíveis.

Aí, sagaz e desonesto, Onofre fez menção de se retirar.

Antes, ofereceu dez vezes o valor da quantia inicial e deu um conselho preocupante para os irmãos:

– O Benício ofereceu uma pedra valiosa para muita gente. Esse pessoal não brinca em serviço. Tomem o maior cuidado com a própria vida a partir desse momento, pois sua única segurança está na divulgação de que aqui não mais existe nada de valor...

Temerosos e não vendo a hora de se livrarem daquele embrulho em que se meteram, o negócio foi fechado. Na verdade, o que seria pago, não representava a centésima parte do valor real daquela pedra solitária achada nas terras de Amarildo.

Os irmãos e Onofre colocaram a pedra na camioneta e se dirigiram à cidade do contrabandista, onde deixaram a pedra, com recomendações dele "de que jamais viram qualquer pedra valiosa, grande ou pequena".

Os irmãos retornaram a casa, mudos. Frustrados.

Quando chegaram, Osório explodiu:

– Viu a besteira que você fez?

– Eu?! Você está louco!

– Não me conformo! Como é que foi espalhar que tinha a pedra?

– E como é que você acha que nós poderíamos vendê-la, sem divulgar detalhes?

– Você não deveria trazer aquele sujeito aqui. Depois que ele viu a pedra, se nós não vendêssemos, certamente seríamos roubados. E olhe lá se eles não nos matariam...

– Por que você não foi em meu lugar? Se fosse tão sabido assim, o que ficou fazendo aqui, enquanto eu corria o risco, hein?

Dizendo isso, Benício deu um pequeno empurrão em Osório.

Ânimo exaltado é combustível para incêndios mentais, que logo se desdobram em queima da razão, da calma, da prudência.

Osório devolveu o gesto do irmão, mas com agressividade. Em segundos os irmãos trocavam sopapos e se não fosse a proverbial chegada do tio, Chico, só Deus sabe o que teria acontecido.

No passar dos dias, os irmãos venderam aquela roça para o próprio tio, que juntara algumas economias. Saíram dali amargurados, pois lá foram criados e lá viram mãe e pai morrerem. Magoados, reciprocamente, cada um foi para um lado, ou melhor, para cidades diferentes, sem sequer se despedirem um do outro. Só ao tio anunciaram a partida e se foram.

Ali, mais uma família despencava no precipício da intolerância.

Segunda parte

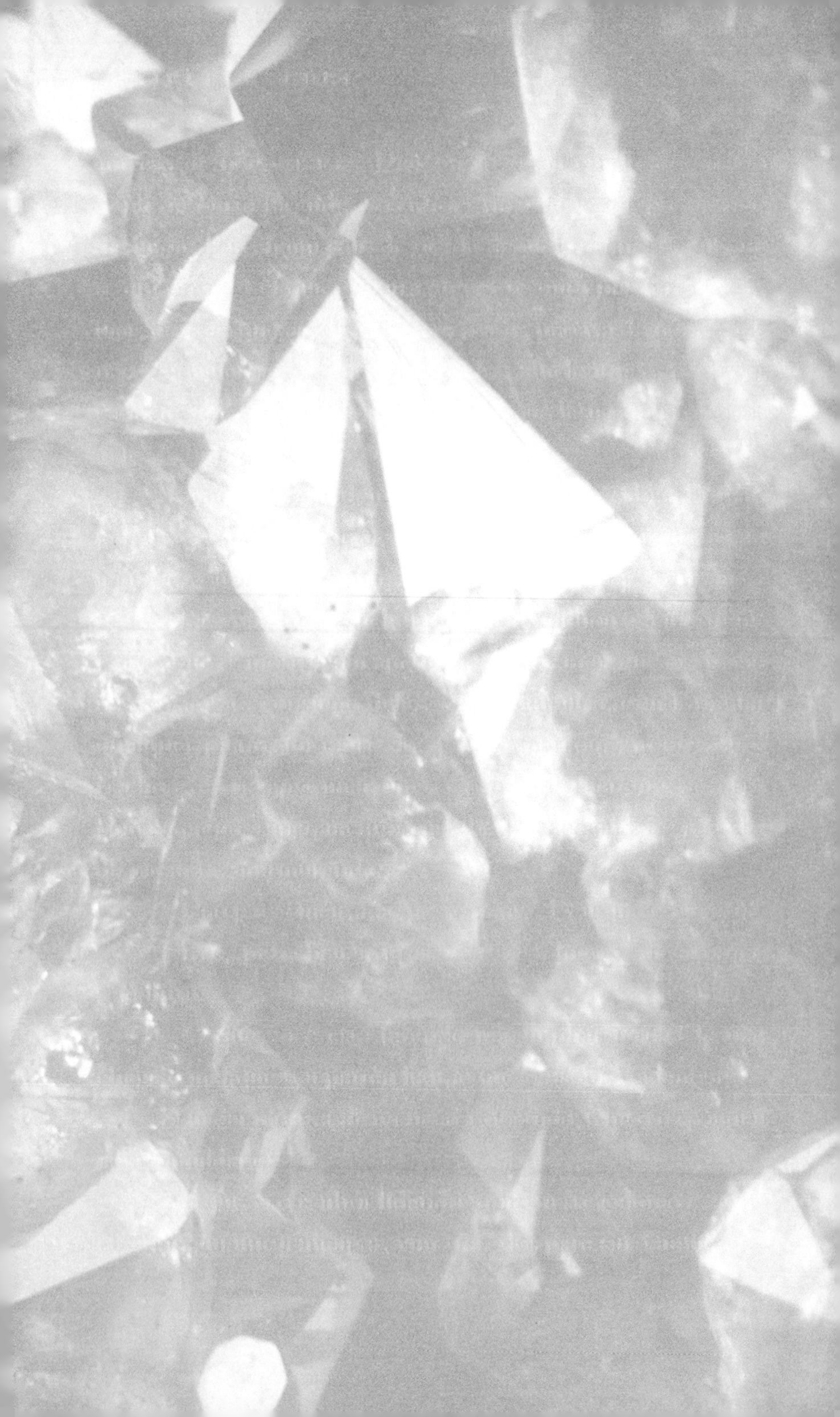

Tempo: o mecânico da vida

QUINZE ANOS se passaram...

A desestruturação das quatro famílias (as de Joseval, Amarildo, Osvaldo, e os filhos de Tonho) provocou tristezas, revolta e solidão nas pessoas envolvidas diretamente. Mesmo outros familiares, mais distantes dos tristes acontecimentos, foram visitados por algum desconforto.

Nem esses anos todos foram capazes de apagar daquelas almas as manchas que as nublaram, nem aplacar de todo a dor dos espinhos que nelas foram fincados pelos que trilharam por descaminhos, os quais acabaram por atingi-las, ferindo-as.

A palavra "perdão" sequer jamais perpassou por aqueles corações feridos. Em vez disso, a cada lembrança, seguida de rememoração detalhada das ações de cada um dos causadores da sua perturbação, neles aumentava surda rebeldia, fruto da intolerância humana. Essa rebeldia se convertia logo em pensamentos de vingança, que bailavam na mente dos que se sentiam prejudicados – tanto os que diretamente sofreram dissabores, quanto os que indiretamente também. E mais grave: até nos que os provocaram.

Geograficamente houve dispersão de todos.

Espiritualmente, contudo, mantinham-se entrelaçados.

Negativamente entrelaçados...

Amarildo, aquele que achou a famosa pedra que ninguém viu, nutria pesado sentimento de perda e maior ódio por Joseval, o ladrão que a roubara, desencadeando todo um processo de dificuldades, em cascata.

Presa fácil de um processo obsessivo crescente, pela ânsia de enriquecer rapidamente, entregou-se todo, por meses, à cata de novos encontros de pedras preciosas em suas terras. Pedras, de preferência, maiores do que "aquela"... Jamais as encontrou.

A esposa e a filha deixaram-no por absoluta incapacidade de conviver com seu estado alterado.

Não tardou e ficou com a saúde (física e mental) definitivamente abalada, definhando até que ficou impossibilitado de prosseguir naquela busca ensandecida. Não fosse Chico conduzi-lo à assistência médica e, posteriormente, os sogros acolherem-no, onde já estavam Jandira e Anita, certamente ele seria presa fácil da miséria.

Contudo, desde que chegara, depois de um ano, os sogros não aguentavam mais suas crises, nas quais blasfemava e prometia matar "o ladrão". Nessas horas, nenhum remédio o acalmava. Isso demandava horas, às vezes dias, para passar. Por isso e visando poupar seus pais, Jandira decidiu retornar com ele para a fazenda, agora com plantação de cana arrendada por Chico a uma usina de açúcar e álcool combustível (etanol). O arrendamento, embora não fosse expressivo, era suficiente para uma vida até certo ponto dentro dos padrões de normalidade. Anita ficou com os avós, para prosseguir nos estudos.

Diante das crises que não cessavam, a esposa acatou a oferta de Chico para conduzi-lo ao Centro Espírita que frequentava. Ali, recebendo passes e ouvindo palestras evangélicas, livrou-se das crises, até porque, nos trabalhos mediúnicos de desobsessão, seu nome foi citado com pedido para pacificação, em prece a Jesus.

Houve atendimento e com isso acomodou-se à nova rotina de cuidar do arrendamento para plantio de cana-de-açúcar, nunca mais fazendo buracos no chão, desinteressando-se em achar tesouros ocultos em suas terras. O casal passou a frequentar assiduamente aquela abençoada casa de caridade, engajando-se em algumas atividades assistenciais a famílias desamparadas.

É fato comprovado pelo Espiritismo que um obsediado, modificando-se moralmente para melhor, afasta naturalmente a fonte obsessiva, algo assim como suprimir o combustível que mantém uma chama para apagá-la. Foi o que aconteceu com Amarildo, eis que, passados alguns anos de frequência assídua e estudos sistematizados espíritas, passou a fazer parte das reuniões mediúnicas, onde sua mediunidade – agora sob controle e a serviço fraternal –, mostrava-se bastante útil.

*

Jandira, incapaz de reagir à loucura do marido, lamentava a acentuada pobreza, desde que ele se desinteressara, não só por ela, como esposa e mulher, mas também pelas lides rurais e se engalfinhara na busca desenfreada do tesouro enterrado naquelas terras.

Impotente, acompanhou enquanto aguentou a ruína física e psíquica de Amarildo, que definhava e perdera a justeza mental, até que o deixou e foi para a casa de seus pais, em outra cidade, levando a filha. Aliás, Anita recusava-se terminantemente a voltar à escola e dizia que só se fosse para outra cidade continuaria a estudar.

Graças a Chico, que manteve contato com ela, Amarildo foi hospitalizado e passou a dependente da assistência médica previdenciária. Além disso, e por bondade, Chico, sempre em contato com ela, ofereceu-se para cuidar da plantação e colheita de milho deles, o que foi prontamente aceito. Mas pouco rendeu aquela safra, até porque não havia investimento em equipamento (manutenção do trator e aquisição de novas ferramentas), além de precários recursos para aquisição dos naturais implementos agrícolas.

Seus pais, após abrigar a filha e a neta, vendo a situação do genro, buscaram-no e igualmente abrigaram-no na sua casa, até porque ali Amarildo poderia ter melhor assistência médica pelo SUS.[10] E também porque Jandira e Anita sentiam falta do marido e pai, respectivamente.

10. SUS: Sistema Único de Saúde. Sigla de assistência médica, em nível nacional.

Amparada pelos pais, vivia monologando: "Não fosse a ajuda deles, que não só acolheram a mim e à Anita, responsabilizando-se pelos estudos dela, além de permanecerem ajudando a mim e ao Amarildo, só Deus sabe como estaríamos agora".

ANITA, nesses anos todos não perdoou Fabíola, a qual, na sua opinião, fora a responsável por tudo de ruim que acontecera depois que seu pai achara a pedra. Confiara nela esse segredo e ela não soube guardá-lo. Seu pai, durante um ano, praticamente enlouquecera, primeiro pelo roubo e depois pela exaustiva e infrutífera busca de outras pedras iguais; nessa fase tão perturbada perdera o gosto pela vida e se manteve à base de remédios – sedativos, na maioria. A praga que Fabíola rogara era responsável por todo esse desequilíbrio. Atendido primeiro pelos sogros e depois por Chico, Amarildo conseguiu sair daquelas trevas que turvavam sua mente. Anita pensava: "Não fosse o Chico o que seria de papai e mamãe? Quase pegou a praga da malvada da Fabíola".

De fato, além de cuidar da fazenda de Joseval e da sua roça, Chico ainda ajudava Amarildo na supervisão do canavial nas terras dele, bem como na hora da prestação de contas do arrendamento daquela ex-plantação de milho.

Sobretudo, reconhecia: não fosse o apoio de Chico e dos avós, bem como a permanente dedicação carinhosa de sua mãe ao marido, talvez tivesse ficado órfã de pai na infância.

Sempre que essas lembranças visitavam sua memória, a figura de Fabíola se impunha, como criatura detestável, traidora.

Sem perdão. E, por extensão, incluía Joseval e Abigail nessa mágoa. Quanto a Antero... Lembrou-se dos felizes momentos nos folguedos que vivenciara com ele, que provocavam nela sentimentos indefinidos. Mas, lembrou também, ele era filho daquele casal horrível (Joseval, ladrão; Abigail, traidora conjugal). E aí, a mente se embaralhava, pois sentimentos contraditórios perpassavam por ali. Como sempre considerara aquele vizinho um menino bonito, devaneava, às vezes, "agora que já cresceu, como será? Estará ainda tão belo?". Logo substituía essa lembrança.

Ao abandonar a escola onde tinha por colegas Fabíola e Eveline, perdeu aquele ano escolar. Mas, com a mudança, juntamente com sua mãe para a cidade dos avós maternos, matriculara-se em outra instituição, onde se formou até o ensino médio. Depois que os pais retornaram para a Fazenda do Jatobá, onde nascera e onde "fora tão infeliz", de vez em quando os visitava.

Concluído o ensino médio, refletindo no seu futuro, pesquisando as infinitas possibilidades profissionais, tentou por duas vezes cursar Engenharia, na área de Arquitetura, não passando nos respectivos exames vestibulares.

Na terceira tentativa de ingressar numa faculdade federal, de preferência de Engenharia, foi informada que, naquele ano, a universidade iniciaria o curso de Geologia e que havia mais vagas do que candidatos. Candidatou-se em ambas as áreas, objetivando primeiro ingressar na faculdade "num curso qualquer", e, depois do primeiro ano, tentar transferir-se para a Arquitetura.

Foi aprovada apenas para a Geologia, onde, aliás, não houve reprovados, em razão do não preenchimento das vagas. E, sem se dar conta, em contato com seus colegas dos primeiros meses de curso, tomou gosto pelas matérias que teve pela frente e assim é que acabou por se formar naquela área.

Sequer poderia imaginar que o conhecimento adquirido mudaria por completo o rumo da sua vida, fazendo-a retornar às origens da sua infância e de tantas pessoas com as quais então convivera...

Mas isso não aconteceu logo.

Primeiro, antes mesmo de se formar, já estagiava numa empresa de prospecção petrolífera. Quando se diplomou, surgiu uma vaga em país distante, nessa mesma empresa, porém para trabalhar na área de mineração de pedras preciosas.

Nem piscou ao receber o convite e logo assumiu a função.

Régio salário.

Geóloga aplicada, ainda assim muito aprendeu na prática, lidando com as nem sempre fáceis atividades da mineração e lapidação de gemas.

Namoros de curta duração pontilhavam sua vida.

Trazia feições delicadas, que lhe davam bonito semblante.

De comportamento simples, irradiava simpatia sempre.

Quanto ao seu corpo... Exuberante, saudável, linhas perfeitas, exalava sensualidade em qualquer situação: falando, andando, trabalhando, ou simplesmente não fazendo nada. De fato, muitos homens, à vista daquela "estonteante mulher", desejavam-na impudicamente, sem disfarçar tal sentimento tão desastroso, quando não refreado. Nenhum jamais viu prosperar qualquer intenção de relacionamento.

A essas manifestações masculinas, tratava-as como passatempo...

JOSEVAL, que primeiramente furtou a pedra, embora muitas evidências o apontassem mesmo como o ladrão, escapou da justiça, por absoluta ausência da prova principal: "a tal pedra". Não obstante, demonstrando que nem sempre a Justiça Divina tarda, desde a brutal agressão imposta pelos dois irmãos, que acabaram por roubá-lo, teve como último diagnóstico médico nunca mais se recuperar. Passou a viver inevitavelmente preso a uma cadeira de rodas, sem perspectivas de alguma melhora física para o resto dessa existência terrena. Para sobreviver, dependeria de ajuda integral de outras pessoas.

Cultivava muitos ódios.

Primeiro, daqueles agressores, que o ajudaram a furtar a pedra, mas que depois a roubaram dele. Esse ódio, que ainda nutria pelos dois irmãos que roubaram "sua" pedra, longe de se esvair, aumentava, a cada dificuldade física. E isso acontecia multiplicadas vezes, todos os dias. Pensava: "Ah, se pudesse... esmagaria os dois larápios, como se esmaga um inseto, aliás, dois".

Muito maior era seu ódio pela esposa infiel. "Jamais a perdoarei".

Mentalmente, rogava pragas para aquele policial que também o traíra.

Lembrando-se de Amarildo, não o perdoava por tê-lo acusado de ladrão. Pensava, inocentando-se: "Nunca tive a posse daquela pedra maravilhosa, que só por minutos esteve em minhas mãos".

Absolutamente dependente de outros, desde que tivera alta do hospital, passara a residir na casa dos pais. Com eles, Fabíola e Antero, que se recusaram a morar com a mãe, na fazenda, e foram acolhidos pelos avós paternos. Aliás, logo Abigail foi-se embora com Osvaldo.

Ele e os filhos não retornaram à fazenda que, sem os cuidados necessários, entrou em decadência, conquanto Chico fizesse o possível para mantê-la em normalidade. Mas, sem qualquer investimento, nem mesmo para conservar o que ali existia, fadada estava mesmo para cada vez mais se depreciar. Foi quando Chico teve a ideia providencial de arrendar as três áreas: a de Joseval, a de Amarildo e a dos sobrinhos, para plantação de cana. Sem a menor dificuldade, encontrou uma usina de açúcar e álcool que se prontificou a cuidar de tudo, ficando ele apenas como "empresário".

Essa iniciativa de Chico teve aprovação imediata, tanto de Joseval, quanto de Amarildo, recebendo procuração de ambos.

A procuração da Fazenda Santa Teresinha, por meio de Asdrúbal, que já começava a se preocupar com sua parte financeira, pois, cuidando do filho e dos dois netos, dificuldades naturais emergiram no horizonte das suas possibilidades materiais, embora fosse razoável seu salário de aposentado, além de ainda advogar alguns casos. Quanto à Fazenda do Jatobá, foi a própria Jandira que concordou, e passou a procuração para Chico e quando ela e o marido retornaram, Chico passou apenas a prestar alguma assessoria a eles, até porque o casal conseguia dar conta de tudo.

ABIGAIL, desprezada pelo marido, pelos filhos e pelos sogros, dirigia surdo ódio contra estes. Amasiada com Osvaldo, com ele se transferiu para o novo local de trabalho do policial, deixando para trás o marido entrevado, os filhos ingratos, os sogros malvados. E todos os sonhos um dia sonhados.

Não foi feliz, em momento algum desde que Osvaldo entrou em sua vida. Indo morar tão longe da fazenda, proibida de ver os filhos, entrou em depressão. Chorava todos os dias e já nem sentia qualquer entusiasmo no relacionamento com Osvaldo, o que o deixou chateado com esse insuportável estado de convivência e união. Não tardou, abandonou-a.

Ficando só, chorava mais ainda, arrependida da sua invigilância moral. Só quem um dia experimentou a solidão pode avaliar o que ela sentia, ainda mais se agravada pelo remorso. É dor pungente!

Lutou muito em alguns empregos para sobreviver até que teve a felicidade de encontrar trabalho numa empresa de beneficiamento de milho. Ora, mexer com milho era sua especialidade. Logo começou a produzir alimentos gostosos, derivados do grão dourado e não tardou em se tornar gerente de produção. Ainda que superasse a depressão, vivia apática, relativamente a relacionamentos masculinos. Uma vez ou outra seus pais informavam-na quando Fabíola e Antero os visitaria e nessas oportunidades ela ia vê-los. Voltava mais entristecida, pois os filhos tratavam-na com frieza, como se a encerrassem num *freezer* construído pelo desamor filial.

Fabíola, pai entrevado e mãe detestada por ser praticante de adultério, lamentava ter conhecido Anita, gozado da amizade e da confiança dela, até surgir o caso da pedra. Além de não perdoar a amiga, não perdoava também a mãe Abigail. Sentia mágoa profunda de ambas. Seus avós paternos responderam por sua manutenção e estudos, até se formar médica.

Considerava que a praga lançada por Anita contra seu pai tinha muito a ver com o gravíssimo problema dele. Contemplada pelo desenvolvimento da juventude, era agora uma bela mulher, em corpo de moça. Médica sensível e aplicada, sempre visitava a família, alegrando seu pai, seu irmão e, principalmente, seus avós paternos, diante do excelente aproveitamento demonstrado na faculdade de Medicina e, atualmente, num hospital, em estágio de "residência médica" na área de Ginecologia. Noiva de um colega que com ela se formara, dividia o tempo em plantões e mais plantões hospitalares. Divertimentos, poucos. E sempre acompanhada de Marcos, seu noivo, ele também em residência médica, mas em outro hospital.

De quando em quando, ao se lembrar de Anita, vinha-lhe à mente apenas que ela era... Ex-colega. Repreendia-se: "Como pudera, na infância, elegê-la como companhia inseparável de confidências para todos os sonhos?". Daqueles verdes tempos agora só restava negra lembrança: "grande equívoco, o dia em que concedi a ela, na minha mente, o título tão valioso de melhor amiga".

ANTERO, um pouco mais velho do que a irmã, igualmente responsável e aplicado como ela, atendera à vocação que forte reverberara em seu espírito. Para isso, contribuiu estar entristecido diante das tragédias familiares: pai incapaz e acusado (com razão) de ladrão; mãe condenada por todos pela infidelidade conjugal; a irmã, decepcionada com a amiga (Anita).

Nesse estado de mágoas e tristeza, refletiu que um desaguadouro desse estado seria uma vida eclesiástica. Alimentando essa ideia por multiplicados dias, meses e anos, ao terminar o ensino médio, tornara-se seminarista aplicado. Concluídos os estudos no seminário, recebendo a ordenação sacerdotal, consagrou-se na Ordem de São Bento. Logo foi destacado por sua diocese para uma paróquia distante, em cidade muito pobre, numa das muitas propriedades rurais da Congregação de São Bento.

Lembrava-se, de longe em longe e muito vagamente, daquela vizinha, a Anita. As lembranças não tinham nem mesmo desbotadas tintas de paixão, nem fortes eram as de saudade: apenas a suave recordação do agradável sentimento que sentia quando ela estava por perto. Nada mais visitava a mente do padre beneditino, além da saudade daqueles tempos nos quais muitas vezes balançara com aquela doce menina, ao pé do velho jatobá da casa dela.

*

Benício e **Osório**, que primeiro ajudaram no furto da pedra e depois a roubaram de Joseval, além do ódio por este, que consideravam responsável pela morte do pai, mantinham outro espaço no departamento mental, também sob a égide do ódio, só que de um para com o outro, recíproco. Separaram-se, mudaram-se e nunca mais retornaram àquelas bandas. Antes, venderam a roça para o tio.

Osvaldo, depois que abandonou Abigail, tentou de tudo para que a esposa o perdoasse. Em vão.

À época que emergiu seu condenável relacionamento com "a mulher do fazendeiro paraplégico", como algumas pessoas se referiam ao caso, ao chegar a notícia da sua transferência para cidade distante, não se abalou e seguiu para lá. Como mantinha ainda alguns encontros com Abigail, quando lhe contou que ia se mudar, ela implorou e ele concordou em levá-la. Pouco tempo durou esse relacionamento. Enfastiado da amante, abandonou-a, sem mais nem menos.

Abigail, por sua vez, não mais o procurou.

Oswaldo ainda tentou por mais algumas vezes reconciliar-se com a ex-esposa, sendo sempre recusado. Então, não tardou a se casar outra vez, vindo a constituir nova família.

Vânia, humilhada pelo procedimento do marido, jamais esquecera os dias de perturbação que passara. Amigos e amigas afastaram-se dela, como se estivesse com doença contagiosa.

Ela era a "esposa traída", mas a sociedade tratava-a como se fosse a traidora...

Seus pais, solidários com ela, movimentaram conhecidos influentes e conseguiram que Osvaldo fosse transferido daquela cidade para outra, bem distante. Isso antes mesmo de o divórcio ser proclamado, o que aliás, também não tardou.

Em pouco tempo, casou-se novamente. Já era mãe de três filhos.

Os pais de Joseval se desentenderam com os pais de Abigail e os membros dessas duas famílias nunca mais nem sequer se cumprimentavam, quando eventualmente se encontravam. Aliás, os avós paternos acolheram os netos, mas fizeram de tudo para que eles não se aproximassem dos maternos; não conseguiram impedir que, vez ou outra, Fabíola e Antero fossem visitar os outros avós. Assim que Fabíola concluiu o ensino médio, tendo sido aprovada no vestibular para faculdade estadual de Medicina, mudou-se para a cidade sede dessa faculdade, onde, aliás, Antero já morava, como seminarista. Os avós custearam os estudos de ambos.

Chico, desde "o acidente" com Joseval, manteve-se responsável pela conservação da propriedade rural dele, que foi arrendada para plantação de cana-de-açúcar. Quando Benício e Osório puseram a roça deles à venda, comprou-a, dando de entrada algumas economias e depois foi pagando mensalmente. Agora já era proprietário pleno.

Paralelamente ao canavial da fazenda de Joseval, administrava também o seu e ainda assessorava Amarildo, no dele. Amarildo, doente, dependente de medicamentos, ainda em crises obsessivas, encontrou em Chico uma pessoa caridosa, que o encaminhou ao centro espírita. Lá, a mediunidade de Amarildo, cada vez mais destrambelhada, equilibrou-se e estabilizou-se, graças ao atendimento fraterno dispensado, o que incluiu ajuda espiritual.

O que a seguir está narrado demonstra como se processam ajustamentos morais, pondo a descoberto como o permanente amor de Deus para com Seus filhos é comprovadamente a bênção maior.

Estradas sem encruzilhadas

FABÍOLA, LOGO após ser diplomada médica e estagiando em Ginecologia, de vez em quando era solicitada a comparecer no Departamento de Genética do hospital-escola no qual exercitava seus afazeres. Concluída a fase de residência, foi convidada pela diretoria do hospital para ser a subchefe do departamento de Ginecologia dali. Já bem conceituada, fruto de sua dedicação e competência, poucos meses depois voltou a ser convidada, dessa vez pelo coordenador do departamento de pesquisas, para ser sua assistente. Ali deveria auxiliar na seleção e aproveitamento científico das células-tronco de cordões umbilicais, para estudos em experimentos de largo alcance, inéditos, referentes à incipiente atividade do cultivo e emprego das referidas células. Inclusive, efetuar estudos e acompanhar as descobertas, em nível mundial, sobre a viabilidade dos chamados "banco de cordões umbilicais".[11]

11. Bancos de cordões umbilicais: são constituídos de empresas especializadas em armazenar o sangue existente nesse material, abundante em células-tronco e quase sempre descartado. O objetivo dos pais que pagam por esse armazenamento é

Só profissionais de alto e específico gabarito trabalhavam naquele departamento. Fabíola quase "surtou" de alegria pelo convite.

Alguns anos mais tarde, assistiu a uma conferência, proferida pelo professor doutor que agora a convidava para ser sua assistente, tratando das fantásticas possibilidades daquelas células.

Competente em informática, na área de filmografia e multimídia, foi então designada para auxiliar na preparação do material a ser exposto na conferência, de âmbito nacional e só para especialistas em biotecnologia.

Auxiliando a exposição, assistiu à conferência, aprendendo mais ainda.

Conseguiu guardar cópia da vasta bibliografia distribuída aos participantes daquele encontro, preparada por vários cientistas.

Catalogando o que a Medicina possuía como certeza sobre o tema, Fabíola redigiu um resumo, para seu próprio uso. Jamais imaginara que um dia viria a estar tão próxima de tão transcendentais estudos e procedimentos, ainda que apenas como assistente.

No artigo que formulara, estavam anotadas algumas particularidades das células-tronco.[12]

---

resguardar o futuro do(a) filho(a), que venha a contrair moléstia curável por emprego dessas células-tronco que, no caso, terão rejeição 0%. Esse é um projeto que ainda não tem unanimidade científica e é de alto custo.

12. Ver legislação, particularidades, segurança no emprego e ação no corpo físico em Eurípedes Kühl. *Biologia* – além da Genética. Belo Horizonte: Fonte Viva.

Alguns anos mais tarde, sempre se mantendo atualizada quanto ao andamento mundial do emprego das células-tronco, o departamento em que trabalhava recebeu comunicado de um outro hospital-escola, referente a uma nova linha de pesquisa: o uso dessas células contra doenças autoimunes, em que o sistema de defesa ataca o próprio corpo, com o objetivo de corrigir esse mecanismo. É o que acontece na terapia adotada contra a esclerose múltipla (doença que causa, entre outras coisas, comprometimento motor).[13]

Sob responsabilidade daquele hospital, estava sendo realizada experiência com sucesso em dois hospitais do Estado de São Paulo, com a retirada de células-tronco da medula dos doentes, as quais permaneciam congeladas até os pacientes receberem remédios para que as células do sistema imunológico fossem destruídas. Depois, eram transplantadas as células armazenadas (congeladas) para reconfigurar as defesas do corpo.

Os resultados eram animadores e foram convidados dois especialistas, a critério do hospital convidado, para irem conhecer o novo método, pelo qual em cerca de 70% dos casos, a enfermidade não teve mais progressão.

---

13. A esclerose múltipla ou esclerose disseminada é uma doença neurológica crônica, de causa ainda desconhecida. Esse tipo de patologia afeta estruturas do cérebro pertencentes ao Sistema Nervoso Central. Essa doença causa uma piora do estado geral do paciente: fraqueza muscular, rigidez articular, dores articulares e descoordenação motora. O doente sente dificuldade para realizar vários movimentos com os braços e as pernas, perde o equilíbrio quando fica em pé, sente dificuldade para andar, tremores e formigamento em partes do corpo.
Em alguns casos, a doença pode provocar insuficiência respiratória, incontinência ou retenção urinária, alterações visuais graves, perda de audição, depressão e impotência sexual.

O chefe do Departamento de Pesquisas e Fabíola foram designados pela diretoria. Ela, diante dos fantásticos resultados que observou, ao tomar conhecimento "ao vivo" das experiências, não se conteve e solicitou que seu pai fosse um dos próximos pacientes, pois além das sequelas que havia anos o imobilizavam, também apresentava esclerose múltipla.

Foi atendida.

Joseval submeteu-se ao tratamento pioneiro de tão terrível moléstia e, aos poucos, foi melhorando: primeiro, a doença estancou, não mais progredindo; depois, uma inacreditável surpresa para todos (paciente, filhos e médicos): regressão. Lenta. Mas sempre abençoada! E mais: de forma absolutamente inesperada, os atrofiados músculos das pernas deram sinais de recuperação! Fisioterapia intensa contemplou o paciente com expressiva mudança do triste quadro até então vivenciado...

Fabíola, em férias, recebeu convite do irmão, o padre Antero, para ir visitá-lo lá na sua distante paróquia:

"Irmã querida", dizia o *e-mail*, "no próximo domingo haverá uma grande festa nesta cidadezinha, em júbilo ao Domingo de Ramos. Por que você não vem até aqui com Marcos e aproveitam as bênçãos do clima montanhês?".

Na mesma hora, Fabíola lembrou-se de como era agradável acompanhar a procissão no Domingo de Ramos. Anita estava sempre com ela e juntas, felizes e faceiras iam brincando e provocando os meninos.

As já distantes lembranças de Anita trouxeram um suspiro e uma reflexão: "Ah, como éramos amigas...".

Respondeu no mesmo instante:

"Querido padre Antero, esta cristã estará aí no Domingo de Ramos. Marcos irá comigo. Deixe um pouco desse ar para nós, tá? Beijos – sua irmã, que o ama."

Os noivos chegaram e foram alegremente recepcionados por Antero, que, de fato, sempre tivera muito amor por sua irmã, no que era plenamente correspondido. A festa cristã seria no dia seguinte.

A celebração do Domingo de Ramos iniciou-se numa capela, pouco distante da matriz, como da tradição em algumas cidades.

Padre Antero dirigiu-se ao numeroso grupo de pessoas:

– Estamos aqui iniciando a abertura da Semana Santa. Simbolicamente, Jesus neste momento está entrando agora em Jerusalém! Vamos com ele!

Estava iniciada a procissão do Domingo de Ramos.

Os fiéis caminharam em procissão até a igreja da cidade, onde seria rezada a missa. Muitos levavam ramos consigo, para serem abençoados pelo sacerdote. Enquando caminhavam, entoavam a *antífona* (versículo cantado por um coro):

"Hosana ao Filho de Davi! Hosana ao Filho de Davi! Bendito o que vem em nome do Senhor! Rei de Israel, Hosana nas alturas!"

Com essas orações próprias da festa, logo o grupo chegou à igreja.

Na missa, padre Antero disse do significado do Domingo de Ramos:

– A festa do Domingo de Ramos trata de duas datas: a entrada triunfal de Cristo em Jerusalém e depois recorda sua Paixão. O mesmo Cristo que foi aclamado como rei pela multidão no domingo, foi crucificado sob o pedido da mesma multidão na sexta...

Comovido, continuou:

– Sublime a figura humilde de Jesus adentrando em Jerusalém, montado num jumentinho, para celebrar a Páscoa Judaica com seus discípulos. Ali chegou como um rei, e a população aclamou-o como o Messias, o rei de Israel, dizendo: "Hosana ao Filho de Davi!".

Olhando para a igreja lotada, prosseguiu:

– Por todos os lados fiéis depositavam ramos de oliveira ou palmeira no chão onde Jesus passaria à sua chegada em Jerusalém e rezam as tradições que esses ramos ficavam abençoados pelo Cristo. Na tradição popular, esses ramos eram milagrosos e protetores, quando das tempestades. Segundo os Evangelhos, vem daí o nome dessa festa: "Domingo de Ramos".

Concluiu, emocionado:

– Neste instante, preparemos o coração para a oração e a caridade do perdão. Iniciamos agora a celebração da Páscoa de Nosso Senhor, a Páscoa Cristã. Que os passos do nosso Salvador nos mostrem o caminho sem encruzilhadas que devemos trilhar, participando de Sua vida.

Após a liturgia eucarística, padre Antero deu a volta no altar e começou a distribuir a hóstia aos fiéis. Após algumas pessoas, foi a vez de Fabíola e Marcos, que receberam a hóstia e uma piscadinha amiga e marota do padre. A última pessoa a receber a hóstia fez que o padre Antero experimentasse uma descarga elétrica no peito: era sua mãe.

Sim, Abigail estava ali, bem à sua frente.

Havia anos não se viam.

Lágrimas silenciosas molhavam o rosto materno, ainda tão bonito e que outrora fora tão amado pelos filhos.

Abigail, de fato, por seus pais, ficou sabendo qual a paróquia do filho. Por várias vezes tivera a intenção de ir até lá, quem sabe, ele a perdoasse.

Antero não se conteve:

– Mãe!

Alguns fiéis se espantaram com o que presenciavam.

Fabíola e Marcos, que iam se retirando, olharam para o altar e viram Antero abraçar carinhosa e demoradamente uma mulher. Ele e ela choravam, soluçando ruidosamente.

Fabíola correu para socorrer o irmão.

Qual não foi sua surpresa, igual à de Antero, quando viu a mãe.

O local era abençoado. O momento, mais ainda. Os corações estavam todos sensibilizados pela lembrança de Jesus, cuja presença era quase uma realidade, tamanha a fé que os inspiravam.

Assim, não houve como impedir a reação do sublime impulso do amor que Deus colocou no coração de Seus filhos: a filha atirou-se também nos braços da mãe. Exclamou, igualmente:

– Mãe! Oh, mamãe!

Em pouco menos de um minuto, tantos anos de mágoas, ressentimentos, intolerância e desacertos se desfizeram.

O amor, leque fulgurante de infinitas hastes, sob mãos invisíveis acariciavam os três. Duas hastes faiscavam luzes, só perceptíveis aos olhos do coração: a haste do amor filial e a haste do amor materno. Inaudível a ouvidos humanos, um coro espiritual de jovens e crianças entoava hinos de louvor ao perdão e ao amor de Deus.

Se os sentidos não registravam os sublimes acordes, nem por isso os presentes deixaram de compartilhar a vibração dos hinos celestiais, eis que na alma deles a sublime sinfonia do amor derramava sublimidades universais.

Depois de muitos carinhos e de voltarem à calma, reuniram-se mais tarde, felizes, cada um contando tudo o que tinha acontecido naqueles anos de convívio familiar perdido.

Todos os ressentimentos se dissiparam entre mãe e filhos.

Quando Abigail soube que Joseval se recuperara, mesmo que parcialmente, não se conteve e contou aos filhos que seu desatino com o investigador não passara de um grande erro, do qual se arrependia.

Antero não se conteve:

– E por que a senhora não vai até o pai e diz isso pra ele?

Fabíola confirmou:

– Isso mesmo, mãe. Ninguém é perfeito e se a senhora procurar o pai, tenho certeza de que ele a receberá de volta. Ele está tão mudado...

Mais luzes invadiam aqueles corações, luzes agora oriundas do sentimento, um dos mais deslembrados na Terra: o perdão!

Antero, mantendo o segredo da confissão, não contou para a irmã, nem para a mãe, que algum tempo atrás, estando em atividade no confessionário, atendeu a Osório, que confessou que ele e o irmão Benício tinham roubado uma pedra valiosa de um vizinho. Sem que Antero fizesse qualquer pergunta, Osório detalhou:

– Fomos contratados por um homem chamado Joseval para furtar a pedra do vizinho dele. Fomos lá e fizemos o serviço, nós três. Depois, deu problema com a polícia e eu e meu irmão batemos naquele homem, que acabou ficando paraplégico. Meu pai, quando soube que tínhamos participado do roubo, teve tanto desgosto que morreu. Meu irmão, com o qual briguei após vender a pedra, separou-se de mim, mas há um ano morreu de cirrose hepática.

Com os olhos boiando em lágrimas, disse ainda:

– Antes de ele morrer, fizemos as pazes. Cuidei dele, até a morte. Morreu em meus braços, dizendo que eu fui a criatura que ele mais amou na vida, depois de papai e mamãe.

Agora chorando alto, contou:

– Um segundo antes de dar o último suspiro e fechar os olhos para sempre exclamou, feliz, como se tivesse uma visão maravilhosa: "Papai! Mamãe!".

Concluiu, lamuriando-se:

– Não consigo dormir em paz, sempre tendo o mesmo pesadelo, relativo ao furto da pedra. Eu também estou muito doente e sei que logo Deus vai me chamar. Perdoe-me, padre, perdoe-me.

Osório não reconheceu no confessor o filho de Joseval...

Três meses depois, o dono da pensão onde Osório morava esteve na igreja e contou para Antero que aquele hóspede falecera. E que, instantes antes de morrer, exclamara que seus pais e o irmão sorriam para ele, todos de braços abertos...

A confissão de Osório e a informação do paroquiano calaram fundo no coração e mais ainda na mente do padre, ante a insofismável continuidade da vida, após a morte física.

Abigail, Fabíola e Antero foram de surpresa à presença de Joseval, que, vendo a ex-esposa de mãos dadas com os filhos, cedeu ao impulso do amor que sempre tivera por ela. Os sogros de Abigail, dessa vez, não a impediram de entrar, até porque os filhos estavam agarradinhos a ela, sorridentes.

Antes de qualquer palavra, em prantos convulsos, Abigail tomou a dianteira:

– Joseval, Joseval... perdoe-me... perdoe-me!

Emocionado e bastante sensibilizado, Joseval era outro homem, modificado para melhor por força das fortes provações que vivenciara e pela bênção proporcionada pela Medicina. Num arroubo, como se jovem fora, com lágrimas também derramando declarou:

– Abigail, meu amor, que bom que você voltou para mim.

Quando os filhos retornaram aos seus afazeres, Abigail permaneceu em companhia de Joseval, sendo hospedada pelos sogros, eles também modificados.

No dia seguinte, logo ao café matinal, causando uma alegria imensa nos pais, como se fosse uma criança que ganhou um valioso brinquedo, Joseval disse a Abigail:

– Pensei que minha vida tinha se acabado. Mas, graças a você, sou homem de novo.

Quando pronunciou a palavra "homem", deu uma piscadinha marota, que Abigail e os pais dele traduziram como retorno à normalização da atividade sexual, até então considerada extinta por ele...

– Vamos nos casar? – perguntou, eufórico, Joseval.

Anita, por esse tempo, num período de férias voltou ao Brasil para visitar os pais. Foi para o antigo lar, onde permaneceria por alguns dias.

O canavial, que fazia anos substituíra a antiga plantação de milho, prosseguia sendo o caminho para sustentação dos pais, exigindo pouco trabalho de Amarildo e de Jandira. Mais uma vez reconheceu, com gratidão, o valor de Chico.

Dias depois, lendo o noticiário ficou sabendo que haveria uma feira de livros na Capital. Decidiu ir até lá, primeiro porque sempre gostara de livros e segundo porque aquele tempo lá na fazenda já estava cansando-a, ante a rotina de nada ter para fazer.

A movimentada feira estava lotada. Talvez, nem um terço daquela multidão fosse de leitores. Alguns iam por curiosidade, outros atraídos por sorteios, outros mais – jovens, maioria –, para namorar. Entre tantos, havia aqueles sem rumo na vida, movidos tão somente pela ausência de quaisquer outros projetos de vida a não ser passar o tempo.

Anita caminhou vagarosa e atentamente pelos estandes.

Muitos homens, como sempre ficavam à sua volta, demonstravam-se seduzidos pela sua figura. Não ligava a mínima para nenhum.

Atraiu-se e comprou alguns lançamentos sobre sua profissão: mineralogia. Lê-los-ia lá na fazenda e assim completaria a semana que pretendia permanecer em companhia dos pais.

Seguia pensativa, refazendo sua vida desde a infância até concluir a faculdade, quando seus olhos, num milésimo de segundo, mostraram-lhe:

"*O Evangelho Segundo o Espiritismo*".

No mesmo instante, lembrou-se de que seu pai e sua mãe, todos os dias, na hora do café matinal, liam alguns trechos desse mesmo livro, leituras essas às quais não dava a mínima, ouvindo-as por educação e carinho.

"O que será que esse livro tem de tão especial?", pensou, "para que papai e mamãe vivam com ele pra lá e pra cá?".

Instalada a dúvida, seu raciocínio técnico induziu-a a folhear a obra.

Abriu a esmo e deparou com o título do Capítulo 19: "A fé transporta montanhas". Ora, montanhas eram sua especialidade, eis que vivia perfurando-as.

Ter comparecido a essa feira era já movimento das engrenagens invisíveis reguladoras dos projetos indutores à evolução moral, referentes ao grupo de espíritos ligados a ela, direta ou indiretamente.

Comprou o livro.

Nesse momento, a um passo dela, uma criança, num golpe inesperado, livrou-se da mão da mãe, mas no impulso descontrolado, caiu e bateu com a cabecinha na ponta de um banco. O sangue jorrou abrupto do ferimento. Anita, num segundo, acudiu a criança e, juntamente com a mãe dela, ergueram-na do chão. Retirou um lenço da sua bolsa e fez uma compressa para estancar a hemorragia.

A mãe, assustada e em choque, começou a beijar a filhinha, que Anita ajudava a segurar. Mãe e filha choravam. Uma, por desespero; outra, por dor.

– Por favor, deixem-me ajudá-la. Sou médico.

Anita e a mulher, ato contínuo sentiram um alívio de tensão.

Quem assim falava era um jovem muito bem aparentado, trazendo alguns livros à mão, que depositou no banco. Verificou a extensão do ferimento e diagnosticou, com segurança e bondade:

– Nada que alguns pontinhos não resolvam. Nem irá doer o curativo. Vamos levá-la ao pronto-socorro onde trabalho. É pertinho daqui.

Naquele momento, três mulheres gostaram dele: primeiro, a criança, pois ele transmitiu-lhe bondade e segurança, o que fez diminuir sensivelmente a dor que sentia; a mãe, porque captou "minha filha está salva, nas mãos desse médico, tão moço, tão bom, tão bonito...”; Anita, porque viu nele “uma pessoa fraternal, dessas que não fogem de responsabilidades, sobre infundir tranquilidade em momentos críticos”.

A mãe, ainda lacrimejante, agradeceu e permitiu.

A criança diminuiu o choro e soluçava baixinho.

Anita ia continuar sua visita à feira, pois a criança já seria atendida, quando a mãe desta falou:

– Deus lhe pague!

– Ora, não foi nada. Vá com o doutor e que Jesus tire sua aflição.

Nem sabia por que dissera aquilo. Não era pessoa de andar com a sublime palavra “Jesus” nos lábios, menos ainda isso de “tirar aflição...”.

O médico, que então já carregava a criança, olhou fixamente para ela, mantendo o olhar por instantes, com admiração pelo cuidado com a criança, admiração essa multiplicada pela estampa feminina daquela alma em atitude maternal. “Lindíssima”, pensou. E disse a Anita:

– Sou o doutor Marcos.

– Muito prazer. Anita.

Anita ia se afastar, quando a menina machucada, num gesto impossível de recusa, abriu os bracinhos e mostrou que queria que ela a pegasse. Coisas de quem quer mais apoio, além do que já tem...

Não houve como resistir.

Marcos “exigiu” que fossem no seu carro. No pronto-socorro, realmente próximo dali, o próprio médico realizou o atendimento, sempre com a mãe e Anita por perto – esta atendendo ao pedido da criança. Logo após, mãe e filha foram para a casa delas, eis que o marido e pai, informado, fora até lá buscá-las.

Despedindo-se de Marcos, Anita também se retirou. Voltou à feira.

Qual não foi sua surpresa quando, mais ou menos meia hora depois, já pretendendo retornar para a fazenda, viu o jovem médico novamente. Só que, agora, estava de mãos entrelaçadas com uma jovem.

Ia mesmo embora, mas Marcos também a viu e acenou, indo em sua direção, sempre segurando na mão da jovem:

– Olá, graças a Deus não tem ninguém machucado agora.

Dirigiu-se à moça que estava com ele, justificando:

– Esse é o anjo que socorreu a menininha que se machucou, aquela que ainda há pouco "me ajudou" a atendê-la lá no pronto-socorro.

O olhar de Anita viu alianças na moça e no médico. Mão direita. Não tinha reparado, ou então, quando viu Marcos socorrer a criança não prestara atenção a esse detalhe.

A moça que estava com Marcos... Anita imaginou... Imaginou... Que a conhecia... "De onde a conheço, meu Deus?", pensou.

Aquela também pensou o mesmo. Demonstrando algum embaraço, disse a Anita:

– Parece... Parece que a conheço... Como é seu nome?

– Eu também penso que a conheço. Só que não sei de onde...

E concluiu:

– ... meu nome é Anita.

Choque, o maior de toda a vida, alcançou a moça.

No mesmo instante puxou Marcos, com alguma violência e entre dentes disse apenas:

– Vamos embora.

Marcos, atônito, questionou, antes de se retirar da presença de Anita:

– Mas, Fabíola, por quê? O que está acontecendo?

Agora, choque idêntico alcançou Anita.

As duas "ex-amigas" estavam frente a frente, passado tanto tempo...

O constrangimento abrangeu os três. Mas, mais a Marcos, que ficou sem entender nada, pois a noiva, bruscamente, deu as costas para Anita e com desusada energia pegou na mão dele e levou-o dali.

Com a mente fervilhando, ideias remotas se chocando, ambas, Fabíola e Anita, num segundo reviveram a infância, com a amizade desfeita pelos tormentos desencadeados que atingiram todos os seus familiares, tudo decorrente do achado de uma pedra preciosa que quase ninguém viu.

Para Anita, a traição de Fabíola, contando o segredo da pedra, foi a culpada por todos os sofrimentos de sua família.

Enquanto ela remoía esses pensamentos funestos, exatamente no mesmo instante Fabíola, já agora distante, igualmente rememorava como a "ex-amiga" a tratara, tão orgulhosamente porque tinha "ficado rica" com um tesouro achado ao lado da casa dela. "Isso", pensava, "foi a infelicidade dos meus pais e do meu irmão... e a minha".

Até parece que as duas estavam à distância de metro, acusando-se.

As "pragas" de há muito sumidas, apareceram de repente na mente delas. Fios invisíveis, sempre agindo para o bem ou para o mal, no caso, para esta segunda hipótese, insuflavam ideias de vingança, numa e noutra.

Fabíola: "Ah!, ela me paga! Desta vez não vou perder a primeira oportunidade para devolver todo o mal que ela causou a mim e à minha família". Só não encontrava um meio de materializar tal projeto. Continuava pensando e pensando, sem achar uma solução. Até que, como se um raio estalasse em seu cérebro, surgiu o que tanto procurava: procuraria aquela víbora e depois de dizer um montão de verdades daria um tremendo tapa na cara dela... "Sim", seguia pensando: "isso acabará com meus ressentimentos, pois não é saudável armazenar mágoas; ficarei bem mais leve".

Anita: "Aquela traidora me paga".

Mesmos pensamentos, mesmas palavras da outra...

Prosseguia pensando: "Como que vou acertar contas com ela?".

Nem precisou pensar muito para formular um plano adequado: "Vou atrair o noivo dela. Isso mesmo: vou atraí-lo e fazer com que o ciúme seja meu vingador".

Contando com a atração que sempre despertava instantaneamente em tantos homens, estava certa de que seu plano daria certo.

Restavam ainda quatro ou cinco dias para ficar na fazenda, antes de retornar às suas lides profissionais.

Quanto a Fabíola, a raiva logo passou e pouco esteve preocupada depois do reencontro com Anita. Não entendia como é que justamente "aquela criatura horrível" (aqui falava alto o ciúme, ante a marcante presença feminina de Anita) estivera por perto do seu noivo. Depressa se dissipou essa preocupação, pois, muito dedicada à sua profissão e ao seu trabalho, sua mente manteve-se primordialmente ocupada nisso. Sumiu a ideia de estapear a antiga amiga.

Já Anita, no dia seguinte, tendo passado a noite toda consolidando o infeliz plano, nem se dava conta de que logo na cabeceira repousava aquele livro "da montanha", que comprara na feira. Multiplicadas induções para que o folheasse, oriundas das forças do bem, não lograram êxito; sua mente e por que não dizer, todo o seu corpo, apresentavam inexpugnável barreira astral, obviamente invisível também. Nada espiritual trespassava-a. Nada de bom, mas, de mal... Inacreditáveis raios, que ao contrário de formular clarões, despejavam minúsculas nuvens negras e vermelhas ao redor da sua cabeça. As primeiras, impregnando-a de trevas, trevas... as segundas, as vermelhas, incendiando a libido, de forma a elevar o tônus sexual.

Só os Céus foram testemunhas de que, àquelas mesmas horas, Marcos também não conseguia dormir, acometido, súbita e irresistivelmente, por imagens perturbadoras, lascivas, nas quais Anita desprendia chamas de todo o magnético contorno do irresistível e sensual corpo. Chamas que o queimavam sem ferir, deixando-o ardente, libido inflamada.

Protetores do Além tentaram cortar o fio fluídico que ia e vinha da mente de um para o outro, como estrada de dupla direção, na qual imagens de sexo exacerbado transitavam, iam, fixavam-se, retornavam à origem, reforçadas. Num e noutro.

Anita levantou-se, arrumou-se com capricho e foi ao pronto-socorro.

– Bom dia. Por favor, chame o doutor Marcos.

– Ele está em consulta. A senhora espera?

– Sim.

– A quem devo anunciar?

– Diga que é a pessoa da feira de livro.

– Seu nome, por favor?

– Anita.

Logo a seguir Marcos veio ao encontro de Anita.

Propositadamente, ela lia uma revista, ou melhor, não lia nada, fingia que estava concentrada na leitura. Na verdade, estava fazendo pose. Pernas cruzadas, voltadas para a direção de onde o médico chegaria, deixavam entrever mais do que o que seria, digamos, adequado... Um estranho "fogo", jamais percebido ou sentido, parecia incendiar sua cabeça.

– Nem acredito – disse Marcos, estendendo as mãos e apressando o passo para chegar mais depressa perto dela – nem acredito. Será que ainda estou sonhando?

A pergunta tinha duplo sentido e tripla ou quíntupla intenção...

Anita assimilou. Confiante no seu poder de sedução, satisfeita e psicologicamente preparada para quaisquer emergências, retrucou, encorajando "a presa":

– Para mim também parece um sonho... – Concluiu, provocadora: – ... nem sei se devia ter vindo.

Marcos foi fisgado:

– Se não viesse, eu a buscaria...

Desculpou-se Anita, mentindo:

– Vim saber se a menininha está bem.

– Claro. Já veio cedinho aqui e verifiquei que está salva – brincou. – Agora, vamos a um cafezinho?

– Por que não?

Em ambos agia pressão de forças invisíveis voltadas para o erotismo ardente. Marcos conduziu Anita a uma pequena copa, àquela hora sem ninguém. Dele fugira o habitual controle. Antes de ele próprio servir o café, pegou na mão de Anita e disse num arroubo:

– Pensei em você a noite toda!

– Eu também pensei em você!

Independentemente do dia, da hora, do local e de tudo o mais, o médico em um segundo tomaria aquela deslumbrante mulher em seus braços e a abraçaria, num beijo prolongado, infinito, promissor...

Mas, as forças do bem sempre vencerão as do mal.

Tão inflamado de desejo estava Marcos que, nesse trivial ato de abraçar alguém, ao praticamente se projetar sobre Anita, derrubou um livro que estava entreaberto na pia. Junto com o livro, caiu a bandeja e algumas xícaras. O barulho da bandeja, metálica, funcionou qual afiada tesoura nos laços que se apertavam, subjugando homem e mulher, para consequências facilmente previsíveis.

Os dois receberam descarga de correntes eletropsicomagnéticas que anularam o alterado estado sensual em que se achavam.

Obviamente, em segundos alguém viria ver o que se passava na copa. E esse pensamento que aos dois assaltou, fortemente induzido pelas mesmas correntes do bem, anulou integralmente o plano de Anita.

Ela, como se despertasse de um pesadelo, teve uma reação de momento. Aliás, qualquer coisa serviria de pretexto para uma reação, que se fazia necessária, urgente. No caso, abaixou-se e pegou o livro caído, que estava entreaberto. Seus olhos fixaram-se, com espanto, na frase: "A vingança". Quando ia fechar o livro, verificou que havia um marcador de livro quase caindo, duas folhas atrás. Intentando arrumar esse marcador, foi na página em que ele estava. Com surpresa, viu que se tratava daquele mesmo livro que comprara, na feira, "falando de montanhas". No topo da página, leu: Capítulo 12 – Amai os vossos inimigos. E a seguir: Pagar o mal com o bem.

Sua mente, treinada para raciocínio técnico e lógico, decifrou de pronto a mensagem contida na leitura que ela estava fazendo justamente naquele momento. No subconsciente percebeu, acertadamente, que olhos invisíveis acompanhavam-na, ou melhor, acompanhavam ela e Marcos, desaprovando o que faziam.

Falou alto nela a consciência quando despertada para o bem, para o dever. Arrependeu-se e envergonhou-se de seu pensamento.

Antes mesmo de uma copeira chegar, colocou o livro na pia e retirou-se sem dizer palavra.

Marcos, que também se abaixara para pegar a bandeja e os cacos das xícaras, que se quebraram, foi alcançado por idêntica dedução: "Não está certo o que eu pretendia fazer; de fato, isso não está certo; Fabíola não merece; que Deus me perdoe".

Retornando ao antigo lar, Anita, mais por curiosidade do que por gosto, pôs-se a ler aquele livro "da montanha", que, num espaço de menos de vinte e quatro horas, participara em dois momentos tão expressivos em sua vida. Até o anoitecer, já tinha lido um terço dos capítulos.

Depois, interessando-se pelo conteúdo moral tão elevado, folheou as páginas finais e verificou que o mesmo autor, Allan Kardec, escrevera outros livros. Procurou esses outros livros e comprou-os, para ler lá onde morava.

Quanto a Marcos, decidiu que nunca mais pretendia vê-lo.

Pensamento recíproco visitou a mente do médico. Em poucos instantes, apagou de sua mente a lembrança daquela mulher "estonteante", cujo corpo era mesmo de promessas ardentes. Pensava: "Que bobagem, que bobagem".

Não é novidade que sentimentos assim tão ardentes, se atendidos, costumam ter a duração do raio: surgem vibrantes, impetuosos, mas logo se dissipam, não raro trazendo possibilidades de tempestades aproximando-se.

Quanto a Anita, terminado o prazo de permanência a que se propusera com os pais, retornou ao seu trabalho, tão distante dali, mas levando agora novidades na mente... Sentia-se propensa a não cultivar nem a vingança, nem mais as negativas lembranças de Fabíola, que não merecia aquela vileza a que se propusera.

Apreendendo o conteúdo moral da leitura daquele livro de Kardec (*O Evangelho Segundo o Espiritismo*), todo ele trazendo esclarecimentos preciosos sobre os ensinos e exemplos de Jesus, tão balsamizantes para as angústias humanas, acabou por eliminar por completo a ideia de vingança contra Fabíola.

Depois que voltou a trabalhar, dedicou-se à leitura dos outros livros de Kardec. Assimilando o conteúdo deles, encontrou respostas para perguntas que sequer jamais formulara, mas que bailam na humanidade, em todos os tempos. Muitas delas, sem resposta para os que duvidam da Justiça Divina. Principalmente formuladas por quem sofre dificuldades, angústias, abandono, solidão. Sim, Deus é inquestionavelmente justo.

Entendeu que há sofrimento no mundo, sim, mas todo ele é triste colheita, de equivocada plantação. O conceito de vidas sucessivas, via reencarnações, contendo tanta lógica e racionalidade vivencial, incorporou-se à sua certeza sobre a Justiça Divina, representada pela Lei de Ação e Reação.

E também ela nunca mais seria a mesma, depois daquele abençoado aprendizado cristão, verdadeiro curso evangélico ministrado pelo "professor Kardec" em seus cinco livros, com lições vindas do Mais Alto e por ele comentadas tão judiciosamente.

O amor não precisa de palavras

UM ANO SE passou...

Além da saudade dos pais, uma força estranha, invencível, levou Anita de volta ao antigo lar... Grande surpresa, já à chegada, ao ser informada pela mãe de que os vizinhos estavam em festa.

Fazendo-se desentendida, perguntou:

– Vizinhos? Quais vizinhos?

– Ora, Anita, a família do senhor Joseval.

– Espere um pouco, quando a senhora diz "família", refere-se aos filhos deles?

– Não, refiro-me à família toda.

– Mas o senhor Joseval e a senhora Abigail não se divorciaram?

– Sim, mas você nem vai acreditar no que vou dizer...

– Depois disso tudo, acredito em qualquer coisa. O que é?

– Eles vão se casar de novo!

– Não acredito! Pois então o senhor Joseval não tinha ficado paraplégico?

– Ficou, mas a Fabíola é médica e conseguiu um tratamento milagroso para o pai, que vem apresentando melhoras dia a dia.

– Mas, eles não tinham se separado?

– Sim, mas Abigail voltou, trazida pelos filhos e foi perdoada pelo senhor Joseval.

Anita pensou um pouco, lembrou-se de um ano atrás e como quem não quer saber de detalhes, apenas por curiosidade, perguntou:

– A Fabíola... Ela se casou?

– Essa é outra surpresa... Ela vai se casar na mesma hora, na mesma igreja, com os dois casamentos sendo celebrados pelo mesmo padre...

– Hum...

– Você não quer saber quem é esse tal padre?

– Por que quereria saber isso? O que me interessa?

– Antero!

– O quê? “Padre” Antero?!

– Ele mesmo. Por que sua admiração?

– Não acredito. Então ele virou padre?

Intimamente relembrou de como na infância de ambos sentia afeição, quase atração pelo vizinho, que igualmente deitava olhares lânguidos para ela... Depois, cresceram, só vagas e suaves lembranças ficaram, já quase esmaecidas. E naquele momento, como se um raio invadisse sua alma, ao saber que aquele menino agora era padre, ficou mesmo perplexa.

Anita não conseguiu disfarçar nem explicar como é que um inesperado e injustificável choque a invadiu, vindo não sabia de onde, como se fosse um verdadeiro *tsunami*[14] em sua mente e em seu coração, simultaneamente. Sim, as ondas psicoeletromagnéticas do tal *tsunami* confundiram seu raciocínio e fizeram seu coração entrar em ligeira taquicardia. Começava a formular o pensamento e ele logo era afogado por uma onda enorme de considerações, desmantelando as ideias.

Buscando "salvar-se", racionalmente se perguntou: "O que me interessa se ele é ou não padre?". E refletiu: "Esses dois casamentos a ser celebrados por ele, são coisa de malucos, todos eles... Até que vai ser interessante ver a cara de cada um deles... É... Não perderei essa oportunidade, passado tanto tempo".

Deixou a mãe e saiu para um breve passeio pelas redondezas.

Pensava, confusa, em evidente estado de choque: "Espera um pouco: como é que um filho vai celebrar o casamento dos pais, que estavam legalmente separados? E como é que na mesma hora a irmã dele também vai se casar, tendo ele como celebrante religioso? Não entendo mais nada. Essa família endoidou de vez".

Ao voltar do breve passeio novo choque alcançou-a quando a mãe informou, concluindo aquele pacote de novidades:

– Eles nos convidaram para os dois casamentos!

---

14. *Tsunami*: Onda oceânica superficial, geralmente com amplitude fraca, cerca de um metro, que nem chega a ser sentida por barcos, não obstante deslocar-se a cerca de 800 km/h. Contudo, ao chegar à costa, a rapidez diminui e a altura aumenta, provocando devastação. Aqui empregado no sentido puramente figurado, de confusão mental.

Em ato reflexo, contrário às reflexões de há pouco, quase gritou:

– Eu não irei. Nunca! Nunca!

Quando anoiteceu, a mãe e o pai convidaram-na para se unir a eles e orar. Sentados à volta da mesa, tendo uma jarra de água no meio, Jandira pegou um livro, o exemplar de *O Evangelho Segundo o Espiritismo*, abriu-o aleatoriamente e pediu a Amarildo que lesse a lição.

Amarildo, voz pausada:

– Minha filha, vou ler um trecho do Sermão da Montanha, proferido por Jesus.

Leu o título e três trechos:

– Bem-aventurados os que são misericordiosos: "Perdoai para que Deus vos perdoe"; "Reconciliar-se com seus adversários"; "O sacrifício mais agradável a Deus".[15]

A seguir, Jandira pediu à filha para que ela orasse.

Feita comovida prece, tomaram um copinho de água. Após o jantar, foram dormir.

Horas mais tarde, madrugada alta, um leve sopro, primeiro balançou as grimpas das árvores mais altas; a seguir, alguns galhos lá de cima começaram a bailar, indo pra lá e pra cá... Não tardou e vento forte visitou aquela região, sendo logo seguido de tremendo temporal, em meio a raios e trovões. Parecia que o mundo estava sendo chacoalhado por mão gigantesca.

15. Allan Kardec. *O Evangelho Segundo o Espiritismo*. 1. ed. São Paulo: Petit Editora, 1997. Capítulo 10, p. 116 a 118.

Sibilando assustadoramente, o vento trazia temor para uns, indução à prece, para outros. Na família de Amarildo, paz nos corações.

Ainda sonolentos, voltaram a se reunir na sala.

A energia elétrica fora interrompida.

Lanternas acesas, os três comentaram, relembrando:

– Até parece aquela vez...

Referiam-se ao temporal que derrubara o "velho jatobá" e expusera à luz solar uma pedra brilhante, roxa, belíssima, talvez muito valiosa...

Mesmo com o barulho da forte chuva e dos trovões Jandira pegou na mão da filha e disse, carinhosa:

– E os seus sonhos, hein? Lembra-se, filha?

Anita estava na fase mesmo de surpresas e choques: quando a mãe relembrou "aqueles seus sonhos", nos quais "uma mulher de luz dera um jatobá de presente para ela, tendo dentro pedras 'filhas' daquela pedra grande", ela, no mesmo instante, lembrou-se de que instantes atrás sonhava justamente o mesmo sonho quando a tempestade irrompeu.

Dessa vez não comentou sobre esse sonho recorrente. Contudo, seu pensamento subiu vários graus de análises: "Não pode ser coincidência... Algo está acontecendo ou está para acontecer... O que será?!".

Nisso, um clarão fortíssimo, o mais forte até ali, anunciou que um raio caíra próximo. Nem um segundo após, forte estrondo, como se pedras rolassem. O chão tremeu. Nem meia hora durou a ventania e a chuvarada. Depois, quietude.

Mas o suficiente para encher o riacho e transformá-lo em poderosa correnteza.

Retornaram ao sono e na alvorada, dessa vez, quem primeiro se levantou foi Anita. Foi inspecionar o terreno, afastando-se, quando, agora sim, seu coração quase saiu do peito ao vislumbrar pedras amontoadas que rolaram de um barranco, deixando exposto um brilho no meio dele. Geóloga experiente, deu-se conta de que, de alguma forma, a tempestade pusera a descoberto um geodo de cristais coloridos. Mesmo atolando o pé no barro, escalou as pedras, aproximou-se e, sob forte emoção, identificou, de pronto, pela cor roxa e pela formação rochosa, que ali deveria haver uma quantidade expressiva de... ametista.

Sem nenhuma ferramenta, apenas com a mão, escavou em volta da pequena abertura no geodo e com crescente espanto viu que se tratava de formação de grande porte!

De estalo, num segundo, sua formação técnica levou-a à dedução de que, de alguma forma, as elevações nos arredores do canavial, mas ainda dentro do terreno da fazenda, mantinham oculta a formação de cristais, submetidos a várias atividades geológicas da natureza, talvez há milhões e milhões de anos.

A proporção daquelas jazidas não era quantificável, à primeira vista.

Observando o topo dessa elevação, percebeu que a chuva pusera a descoberto que ali existiam algumas pedras de porte médio... Olhando dali em direção à sua casa, deduziu ainda ter encontrado a resposta para uma instigante pergunta, de todas as gerações que moraram ali: de onde teria vindo aquela pedra de mais de dez toneladas que existia no meio daquela fazenda?

Deduziu, com acerto: "imagino que aquela enorme pedra deve ter rolado do alto de uma dessas elevações e parou onde está; antes, bateu com força numa parte desse geodo, arrancou um pedaço dos cristais que, pelas fortíssimas correntezas foi parar ao lado de onde milênios depois nasceu o velho jatobá e foi construída nossa casa; ao longo do tempo e de muitas outras intempéries, o geodo voltou a ficar oculto, sendo coberto de terra e alguma vegetação".

Num ato de respeito à natureza e ao Criador, disse em voz alta, que só foi ouvida pelo vento, pela terra, pelas plantas e por algumas aves:

– Como Deus é sábio e bom! Depois de tantos milhões de anos, só Ele sabe quantos, confia a nós esta maravilha!

Deslumbrada, correu de volta à casa e chamou pai e mãe para testemunharem a obra de Deus colocada naquelas terras.

Quando os três, realmente maravilhados, viram o brilho naquele pequeno morro, Amarildo filosofou, com acerto e com bom humor:

– Eu sempre soube que aqui tinha mais pedras brilhantes. Só que as danadinhas estavam nas laterais desses morrinhos, talvez rindo de mim.

Olhou para os lados e perguntou para a filha:

– Será que nas outras terras por perto também tem isso?

– Muito provável, pai. Muito provável...

E refletiu em voz alta:

– Pelo que me parece, numa enorme área por aqui subiu do centro da Terra uma bolha vulcânica de grandes proporções, que levantou e derreteu rochas, fraturando algumas. Mas essa bolha não conseguiu extravasar, permanecendo na crosta, sob a camada superior da lava. A rota do calor vindo das profundezas passou por camadas sucessivas até chegar próximo à crosta. Nessa subida, esse material incandescente teria trazido, de roldão, grande quantidade de argila e de quartzo. A bolha incandescente teria se repartido, formando várias minibolhas, que empurraram a crosta, resultando neste terreno elevado, cheio de montes. Resfriando em vários níveis de calor e sob ação do tempo, temos hoje essa maravilha da natureza.

Voltaram para a sede da fazenda.

Praticamente assumindo enorme responsabilidade diante dos acontecimentos, Anita propôs e os pais aceitaram que ela passaria a providenciar o que fosse necessário para a exploração da jazida que, após talvez milhões de anos, fora acordada pelo temporal.

Ela e o pai passaram o dia fazendo análises do terreno e pequenas perfurações nas laterais dos barrancos. Extasiados, verificaram que, de fato, ali havia uma jazida de proporções que justificavam exploração comercial.

Aproximando-se da Fazenda Santa Teresinha certificaram-se de que os geodos avançavam naquela direção. As elevações, realmente, situavam-se nas duas fazendas, cuja demarcação era o riacho que a ambas contemplava e lhes servia de fronteira demarcatória territorial.

Aí, surgiu um impasse para ela: como se aproximar daquela família, depois de tantos e tantos anos de inimizade? Pensava em Fabíola...

Jandira, intuída pelas forças do bem, sempre atuantes quando há boas intenções, sugeriu:

– Vamos orar a Jesus. Já é tempo de acabarmos com o mal-estar. Deus está nos mostrando que pedras brilhantes existem em grande quantidade e não é porque uma foi furtada que nós devemos manter inimizades. Quem roubou assumiu grave culpa perante o equilíbrio da Justiça Divina e, cedo ou tarde, terá de prestar contas à sua consciência. Não julguemos. Não julguemos!

A Justiça Divina, agindo invariavelmente, não precisa de funcionários.

O amor do Pai para com Seus filhos oferta infinitos meios de restauração àqueles que promoveram quaisquer desatinos, prejudicando a muitos e em primeiro lugar a si mesmos.

Se alguém pudesse ver a cena no plano espiritual ficaria deslumbrado com a luminosidade que se evolava da cabeça de Jandira, envolvia o marido e a filha e se dirigia, num jato, para a Fazenda Santa Teresinha.

Anita tomou o exemplar de *O Evangelho Segundo o Espiritismo* que invariavelmente ficava aberto sobre a mesa da sala. Fechou-o e abriu-o ao acaso: Capítulo 10, de novo, item "Não julgueis para não serdes julgados. Aquele que estiver sem pecado, atire a primeira pedra".

Não podia ser coincidência: era um recado, "gritado", para ela.

Fato é que feita uma prece por Jandira, a seguir Anita decidiu:

– Vou até a Fazenda Santa Teresinha para comunicar a eles.

– Vá, sim, minha filha – incentivou Jandira, sendo ratificada por Amarildo:

– Há muito não tenho mais raiva do Joseval e Deus está dando um recado para nós dois. Vá, minha filha, e diga a ele que se eu puder fazer alguma coisa por ele, que conte comigo.

Nessa missão, abençoada, Anita dirigiu-se à fazenda vizinha.

Abigail estava lá...

Com algum esforço, Anita foi reconhecida. Disse a Abigail:

– Boa tarde, dona Abigail. Venho em nome de Deus, fique tranquila.

Com algum cuidado e cismarenta, Abigail respondeu:

– Posso ajudar?

– Pode sim. Vim dar um recado para vocês. Da parte de Deus...

Agora mesmo é que a mulher ficou desconfiada. Esperou.

– Vim contar para todos que, na noite passada, Deus mandou um telegrama para nós, da Fazenda do Jatobá, e para a Fazenda Santa Teresinha.

Sem deixar Abigail cismar mais, disparou:

– Rolaram umas pedras numa parte dos barrancos lá da nossa fazenda e deixaram à mostra do Sol uma quantidade enorme de pedras brilhantes.

A mulher não entendia nada. O que ouvira era confuso, para ela.

Foi nesse instante que um outro raio, muitíssimo mais poderoso do que aquele que provavelmente fizera as pedras rolarem atingiu em cheio o coração de duas pessoas: Anita e Antero, este, que acabava de sair da casa e viera ver com quem a mãe conversava.

Os anos mudaram expressivamente a ambos.

Mas nem os séculos dos séculos poderiam enganar a alma deles, pois foi com os olhos delas – as almas –, com a luz do bendito raio do amor que se reconheceram, instantaneamente.

Reconhecimento, seguido de admiração recíproca: se Anita se transformara numa mulher, simpática e bonita, cujo corpo causava irresistível impacto, Antero também exibia imagem física de um homem muito atraente, de forte magnetismo e serena presença.

– Anita!

– Antero!

Barreira alguma do mundo conseguiria impedir o abraço que trocaram, pleno de sincera alegria pelo reencontro.

Para os dois, naquele instante, inconscientemente, imaginavam-se amigos que fazia longos anos não se viam.

Mas, amizade e amor têm fronteira bem definida, enquanto a primeira se forja ao longo de convivência, este ocorre de repente.

Anita e Antero não sabiam o que os eletrizava.

Aliás, seria mesmo ridículo pensarem nisso, naquele instante sublime.

– Vamos entrar – convidou Antero.

Abigail, sem reação ante a demonstração inequívoca de afeto entre seu filho e a vizinha, teve atitude mais adequada, mais ética e só agora abriu a boca:

– Sim, Anita, entre, por favor.

Ao adentrar a sala, Anita viu Joseval e Chico, assistindo à TV. "Como estavam mudados, envelhecidos", pensou. Cumprimentou-os, serena:

– Olá, senhor Joseval, oi, Chico.

Joseval levou um susto. Chico foi até ela e abraçou-a, paternal:

– Nossa! A menina *tá* com toda a beleza do mundo!

Antero desligou a TV. Abigail arregalou os olhos, esperando qualquer desfecho desagradável. Mas Anita vinha como mensageira do Bem. Aproximou-se de Joseval, que, com esforço ficou de pé, e ela abraçou-o, carinhosa. O homem sentiu o efeito das irradiações que emanavam daquela moça tão amável, que ele demorou a reconhecer.

– Anita! Meu Deus! Como você ficou bonita, menina.

O clima de fraternidade instalou-se e foi com muita alegria que Anita contou para todos a sensacional descoberta.

Joseval se pôs a chorar. Não se conteve:

– Oh! Anita, como me arrependo. Roubei a pedra do seu pai...

– Ih! Senhor Joseval, esqueça isso. Papai já esqueceu. Aliás, se quer saber, foi ele que me mandou vir aqui para lhe dar um recado: de que o que passou, passou, e o que se o senhor precisar, conte com ele.

Abigail e Antero traziam os olhos marejados.

Quando Anita foi embora, não sabia, mas o amor a fisgara, indelevelmente. Teve a impressão de que entregara sua alma para Antero.

Antero viu-a afastar-se e não soube explicar por que teve a sensação de que sua vida estava indo com ela...

Nos dias seguintes, a experiência profissional de Anita foi fundamental (algo assim como a pedra de toque, com perdão do trocadilho, mas é que não resisti...) para o sucesso das tratativas oficiais e a rápida obtenção do alvará de pesquisa e da guia de utilização, tudo com vistas à exploração da jazida encontrada. Entre uma providência e outra contatou a matriz da empresa da qual era empregada e conseguiu apoio financeiro total para a instalação de toda a infraestrutura mineralógica necessária.

Foi com enorme alegria que recebeu um segundo comunicado:

"Até segunda ordem, isto é, até serem concluídos os trabalhos de prospecção, quantificação e avaliação das jazidas, inclusive para acompanhamento da documentação legal no DPNM[16] você deverá permanecer no local".

16. DNPM = Departamento Nacional de Produção Mineral, subordinado ao Ministério das Minas e Energias.
Como está definido na Constituição Federal de 1988, o subsolo e os bens minerais em território brasileiro pertencem à União. O DNPM é o órgão governamental encarregado de gerir e fiscalizar o exercício das atividades de mineração em todo o território nacional. Uma de suas várias atribuições é promover a outorga, ou propô-la à autoridade competente, quando for o caso, dos títulos minerários relativos à exploração e ao aproveitamento dos recursos minerais e expedir os demais atos referentes à execução da legislação minerária. A alíquota para pedras preciosas, pedras coráveis lapidáveis, carbonatos e metais nobres é de 0,2%.

Tal decisão implicava uma permanência no país por vários meses.

Chegado o "grande dia", em que dois casamentos seriam celebrados, de forma tão singular quanto expressiva, isto é, o padre celebrante era filho dos noivos mais velhos e irmão da noiva mais jovem. Além disso, os noivos mais velhos, seus pais, já tinham sido casados, apenas no civil (em cartório), divorciaram-se e voltavam agora a novas núpcias, na igreja.

A igreja era a da paróquia das duas fazendas, a Santa Teresinha e a Jatobá. O pároco local cedera, com boa vontade, sua igreja a padre Antero, após dom Alípio (o bispo da diocese) ratificar tal acordo.

Comoventes as solenidades.

Nas comemorações que se sucederam, Joseval chamou Amarildo em particular e disparou:

– Eu sou o ladrão da sua pedra! Perdoe-me.

Mesmo estando desprevenido para tal confissão, Amarildo respondeu, bem-humorado:

– Esquece! Aliás, esquece mesmo, pois eu sempre soube isso. Só que, agora, Deus mostrou um mundão de pedras iguais e você nem perde por esperar, pois vou roubar todas as suas.

Sorria afetivamente. Abraçou o vizinho. Sorriram ambos, olhos molhados...

Novamente as luzes sublimes do perdão brilharam por ali, muito!

O delegado Valdir, a esposa e a filha Eveline, com o namorado, estavam presentes e foi com muita alegria que cumprimentaram as duas famílias, a de Joseval e a de Amarildo. Quando se afastaram um pouco, Valdir comentou, seguindo à risca sua mania de comparar fatos com a mitologia grega:

– Até parece que aqui, não uma, mas um bando de fênix[17] decolou...

A família entendeu perfeitamente a alegoria, até porque aquela era talvez a décima ou centésima vez que Valdir a citava, referindo-se a amizades reatadas, ou a desajustes sentimentais reconstruídos.

Valdir ia parar por ali, com suas alegorias da mitologia grega. Mas Eveline, para provocá-lo, brincou:

– Oi, pai, faz tempo que você não dá aula sobre os gregos. Só tem essa da fênix por hoje?...

Valdir não se fez de rogado. Apontando para Anita, disparou:

– Ali está uma réplica viva de Afrodite.[18] Só na beleza, não no comportamento...

– A Vênus dos italianos[19] foi uma "dona *mobile*" como Afrodite?

---

17. Fênix: pássaro fabuloso, que vivia vários séculos, queimando-se numa fogueira e renascendo de suas próprias cinzas.

18. Afrodite: na mitologia grega, deusa da beleza e do amor. Era a mais bela do Olimpo, foi cortejada por todos os deuses, inclusive Zeus. Recusando-o, como castigo Zeus deu-a em casamento com Hefestos, o mais feio dos imortais. Sendo infiel ao marido, foi por ele presa a uma rede invisível e inquebrável, com isso sendo a traição exposta aos outros deuses do Olimpo. Corresponde à Vênus romana.

19. "Dona mobile": mulher volúvel. "Vênus dos italianos": réplica romana de Afrodite, com poucas variações.

– Isso eu não vou informar a vocês. Procurem conhecer História.

Quando os convidados cumprimentavam os noivos, chegou a vez de Anita cumprimentá-los. Temerosa, aproximou-se de Fabíola e Marcos.

Fabíola tomou a iniciativa:

– Sua bandida. Pensei que não vinha.

O "gelo" entre ambas estava quebrado, ou melhor, derretido.

Abraçaram-se e os convidados que esperavam a vez, até ficaram comovidos, pois as duas não paravam de repetir abraços.

Mais luzes do perdão. Infinitas luzes. De brilho eterno.

Quando Anita, por fim, dirigiu-se para junto dos pais e sentou-se à mesa reservada para eles, algum tempo depois, o padre dos casamentos aproximou-se e foi convidado por Jandira para tomar assento com eles.

Anita e Antero. Se existem vulcões dentro das almas, ali dois estavam ativos... Não há outra expressão para registrar os sentimentos que os assaltavam, indo e vindo, vindo e indo... desembocando todos numa única e gloriosa certeza: entre ambos alguma coisa atraía um para o outro, com força invencível, ainda não diagnosticada pela mente deles, mas já plenamente alojadas no coração dos dois.

Nisso, o harmonioso conjunto musical que animava as comemorações tocou a valsa para os dois casais dançarem: os pais de Fabíola e ela com o marido.

Da parte de Joseval e Abigail, viu-se uma das nuanças do amor, aquela que redime, reconstrói, renasce; da parte de Fabíola e Marcos, a graciosidade e a felicidade, acenando ambas com promessas para o futuro.

Quando os demais convidados foram instados a dançarem, os olhares de Anita e de Antero se cruzaram e fixaram-se, um no outro. Nada foi dito, nem precisava. Foi com o coração inflamado que padre Antero, em atitude que a todos pareceu respeitosa e até "bem bacana" – (um padre dançarino) –, aproximou-se dos pais dela e pediu-lhes:

– Permitem que sua filha espalhe graça e beleza pelo salão?

Antes da resposta dos pais, a filha levantou-se e tomou a mão do padre. Alguns casais dançavam bem juntinhos, até porque a música era uma das mais românticas do "rei" Roberto Carlos: *Como é grande o meu amor por você*, cuja letra, romanticamente cantada por um *crooner*, apoiado por um trio vocal, traz em si mesma muda, mas ardente declaração de amor:

Eu tenho tanto pra lhe falar,
Mas com palavras não sei dizer
Como é grande o meu amor por você
(...)

Antero e Anita, de longe o par mais bonito ali, mantinham a etiqueta e o figurino social. Isso, por fora, pois por dentro, os dois corações se transformaram num ímã que cada vez mais...

Sem poder sufocar o que sentia, Antero disse num tom clamoroso:

– Esse *crooner* deve ter telepatia...

Olharam-se, silentes. Mas suas pupilas, dilatadas, gritavam o amor "maior que o mar e o infinito" que sem qualquer aviso enlaçava ambas as almas.

Auras afins, quando se aproximam, tendem a se acoplar.

Se essa afinidade é oriunda de amor recíproco, além da simbiose psicoeletromagnética, há também reações físicas, absolutamente naturais...

Não foi diferente entre Antero e Anita.

Nada disseram, pequeno foi o toque de um no outro.

Não obstante, as duas almas, na dimensão do amor puro projetaram faíscas extravasantes no corpo de ambos.

Essa reciprocidade, em plano alto e sublime, na Terra recebe o nome de paixão, mas em plano mais alto ainda, agora no Céu, o de amor.

Leis Divinas, naturais, comandando a vida, dotaram os seres de fisiologismos automáticos. Mesmo no ser humano, tais automatismos, como o próprio nome indica, agem à revelia da mente. E foi com inédita aflição que Antero registrou que em seu corpo algo estava acontecendo. Culto e celibatário por convicção, como sói serem os padres, identificou que ali, nele, a libido, havia tanto tempo adormecida, acordara abruptamente e despejara carga erótica, até então sublimada...

Com inaudita força de vontade, escorada por aflição, interrompeu a dança e conduziu Anita à mesa. Sua atitude foi igual à de um náufrago que se atira no mar para se salvar do barco incendiado.

Isso porque, cuidadoso e atento aos seus deveres de sacerdote, não permitiu que aquela situação tivesse continuidade. Quase sucumbira. Julgou sensato abrigar-se na igreja.

Saiu discretamente da festa e foi para lá.

Outras músicas, outros homens dançaram com Anita.

Antes do término da festa, os casais foram para as respectivas luas-de-mel e, horas mais tarde, as demais pessoas para seus lares ou outros destinos.

Antero, tantas horas na igreja, era o único ali presente aos olhos humanos. Ajoelhado ante o altar, contemplava com lágrimas ardentes para a imagem do crucificado e lamentava baixinho:

– Por quê? Por que isso agora, comigo?

Assim esteve até alta madrugada, em contrição e penitência autoimposta. Adormeceu, por fim, vencido pelo sono e pelas fortíssimas emoções vivenciadas, não só pelos casamentos dos pais e da irmã, mas muito mais pela aproximação de Anita.

Sonhos estranhos visitaram-no, ali no desconfortável banco de madeira: ora Anita surgia entre garoa, sorria para ele e desaparecia; ora estendia-lhe a mão e convidava-o para caminharem juntos; ora a igreja estava lotada e os fiéis, um a um, saíam, olhando-o de forma acusadora, deixando-o sozinho; ora dom Alípio surgia à sua frente, ali mesmo no altar, olhando-o repreensivelmente.

Perguntava ao superior eclesiástico:

– Como recuperar os beijos impedidos pelo destino? Como esquecer as lembranças dos carinhos que não aconteceram? Como apagar as chamas da paixão que me queimam? Como fugir de um amor infinito?!

A todas as perguntas o bispo, conselheiro, olhava-o com ternura e compreensão, respondendo:

– O tempo é o guardião de todas as virtudes, mas não impede que as tentações as agridam.

– Meu mestre, diga-me: como vencer as tentações?

– Fazendo, com a bênção de Deus, aquilo que as tentações induzem a fazer, mas tendo o cuidado de tirar delas os pecados do mundo.

– Onde encontrar essa definição de certo e errado para uma mesma coisa, isto é, atender à tentação sob a bênção de Deus?

– Na oração, meu filho. E no Eclesiastes...

Quando acordou, Antero, antes mesmo de fazer a higiene matinal, foi até a sacristia e pegou a Bíblia. Lembrando-se do conselho do seu bispo, fechou os olhos, "viu" Jesus no Sermão da Montanha encorajando os aflitos e ainda de olhos fechados abriu o livro sagrado. Por incrível que pareça, a página era justamente de leitura que já conhecia, mas que agora tomava vulto de boia salvadora: o Eclesiastes. E leu, na 1ª Parte, em 4.9 a 4.12:

> "*Mais vale dois que um só, porque terão proveito do seu trabalho. Porque se caem, um levanta o outro; quem está sozinho, se cai, não tem ninguém para levantá-lo. Se eles se*

deitam juntos, podem se aquecer; mas alguém sozinho como vai se aquecer? Alguém sozinho é derrotado, dois conseguem resistir, e a corda tripla não se rompe facilmente."

Interrompeu a leitura. Para ele, recebera uma luminosa foto sobre o que seria seu futuro: unir-se santamente a Anita!

Julgou encontrar a resposta para o paradoxo que sonhara, exposto por dom Alípio.

Tal decisão era forte. Fortíssima. Embora não sendo inédita na história da Igreja, trazia augúrios de dificuldades de monta a serem vencidas. Mas, também, agora Antero trazia na alma a definição clara de quais caminhos percorrer.

Apenas uma dúvida: em primeiríssimo lugar, oficializar seu afastamento do sacerdócio ou ir declarar-se a Anita?

Se uma resposta fosse negativa, a outra simplesmente desvaneceria.

Procurou dom Alípio e, em confissão, contou tudo. Inclusive que ele, o bispo, em sonho o aconselhara a orar e procurar solução para aquela aflição no Eclesiastes. E que feito isso, o Eclesiastes sinalizara para ele união com a mulher que amava.

Dom Alípio perguntou, discretamente:

– Qual a certeza que você tem, meu filho, de que essa mulher também o ama? Já pensou se isso não for uma realidade?

Ante o silêncio do padre, o bispo sugeriu:

– Raros, esses casos nos induzem a respeitar os insondáveis caminhos e mistérios de Deus. Muitas vezes, não passam de uma provação para a fé daquele que O representa na Terra...

Recomendo que você pense melhor e dentro de cem dias volte a conversar comigo. Se seu coração tiver certeza absoluta de que também é amado e sua vida se inclinar para o despojamento da batina, que o Pai abençoe você e ela, no Seu altar.

Complementou:

– Isso, naturalmente depois de o Papa deferir seu pedido...

Falando em pedido, Antero solicitou e o bispo concedeu, exatamente cem dias de afastamento de suas obrigações paroquiais. Antero solicitou essa licença visando estar por perto de Anita e, simultaneamente, ajudar seu pai na administração do novo empreendimento mineralógico. Contou a dom Alípio sobre a feliz novidade do início da exploração das pedras preciosas na Fazenda Santa Teresinha, justamente agora que os pais estavam longe... Em segunda lua-de-mel.

Recomendou-lhe dom Alípio, prudente:

– Até lá, mantenha-se em preces. Vá até sua paróquia e transfira as responsabilidades para o padre que eu, ainda hoje, designarei para substituí-lo nesse período. Aguarde uma semana lá na paróquia, em preces. Se ainda permanecer o mesmo pensamento em seu coração, então vá cuidar dos negócios dos seus pais, mas não conte para ninguém sobre o motivo real dessa sua licença.

Filosofou, concluindo:

– O amor é sublime e não precisa de quaisquer artifícios para que sua luz brilhe. Não force nenhuma atitude com a moça que ama. O que tiver de acontecer acontecerá naturalmente, pois nesses casos forças divinas conduzem a vida...

E assim, oito dias depois, Antero voltou para a Santa Teresinha, sob o pretexto de que o bispo concedera-lhe uma licença para cuidar dos negócios relativos à mineração na fazenda.

Anita, também ela, nas horas que se seguiram aos instantes em que estivera dançando com o padre Antero, sentia amargor, angústia, quase desespero na alma... É que idênticos sentimentos aos que assaltaram Antero a visitaram, envolvendo-a inapelavelmente no encanto do amor.

Ao se recolher, custou-lhe adormecer e quando isso aconteceu sonhou com Antero olhando-a pleno de amor, abraçando-a e beijando-a com fervor, mas essa imagem logo era afastada por mãos invisíveis até sumir de vista.[20]

Acordou sobressaltada, com uma dolorosa certeza: amava Antero, mas como separar o homem do padre, ou o padre do homem?

Sem obter resposta para tão inclemente questão, salvou-a o início dos trabalhos de mineração, sempre árduos, causticantes, insalubres...

Trabalhos precursores, que duraram uma semana, logo trouxeram grande surpresa: foi identificada jazida de grande porte, com ametistas aflorando na superfície.

20. Sonhos semelhantes foram objeto de exaustivas análises do médico austríaco, "pai da Psicanálise", Sigmund Freud (1856-1939) que identificou neles a emersão do subconsciente, que sem censuras, ante o desdobramento do sono, traz à tona os desejos ocultos da vida do sonhador.

Seguindo as normas que tão bem conhecia, Anita fez perfurações não apenas nas laterais, mas também por cima dos morros. Com isso, identificou que, mais no fundo, estavam as pedras de melhor qualidade. Encontrou ainda um pequeno manancial com um interessante tipo de quartzo, denominado praziolita, que seria uma espécie de ametista verde.

Outra novidade, foram encontradas para os lados da Santa Teresinha, amostras das chamadas ametistas citrinos (por serem das cores roxa e amarelo em um mesmo cristal).

Empolgada com essas descobertas, Anita quase perdeu o fôlego quando, num belo dia, em meio a um montão de pedras ajuntadas pelo trator, alguém chegou por trás dela e disse:

– Doutora Anita!

Virando-se, quase explodiu de alegria:

– Padre Antero!

Abraçaram-se comovidamente, como se ele tivesse ido à Lua e voltado, trazendo-a para ela.

– Não me chame mais de doutora – repreendeu-o, Anita.

– Não me chame mais de padre – ouviu em resposta.

Olhou-o, desentendida. Ele explicou, rápido:

– Estou de licença, concedida pelo meu bispo. Papai e mamãe resolveram esticar a lua-de-mel e a Santa Teresinha precisa de mim por aqui... – Manhoso, completou: – ... aliás, não apenas a fazenda, mas também a mulher mais bonita do mundo, pois vejam só como está agora...

Anita corou e deu-se conta de que estava mesmo com os cabelos (como se diz?), meio desgrenhados. Não se fez de vencida no que a mulher tem de mais caro, que é sua imagem, sua presença, sua vaidade:

– Vejam quem está falando... Um padre de bermudas...

Sorriram, joviais, tranquilos, felizes.

Nos dias e semanas que se seguiram, pelo grande poder mercadológico da empresa de Anita e pela permanente assessoria de Antero às autoridades, os trabalhos de exploração das jazidas foram oficialmente autorizados.

Numa noite de calor intenso, Antero e Chico conversavam, sentados sob uma frondosa mangueira na Santa Teresinha. Antero lembrou-se dos sobrinhos dele e contou que tinham morrido, citando o que sabia sobre a morte dos dois, isto é, que haviam feito as pazes e que no momento da morte Benício exclamou, feliz, que via seus pais; e que, algum tempo depois, Osório, ao morrer, também exclamou que via os pais e Benício de braços abertos para ele!

Chico, olhando para o horizonte e depois para o céu, com olhar fixo na bela Canopus,[21] como tentando deter o tempo e se possível voltar ao passado, monologou:

– Aqueles meninos desajuizados... Retornaram à pátria espiritual com suas dívidas acrescidas... Terão de voltar, com mais responsabilidades, com maiores dificuldades...

Antero ouviu, com respeito. Nada disse. Apenas ouviu.

Anita e Antero encontravam-se todos os dias.

21. Canopus: é a estrela mais brilhante da constelação de Carina, e a segunda estrela mais brilhante no céu, perdendo apenas para Sirius.

A ninguém dali escapou que aquela dupla era bem mais do que apenas comercial...

Num momento de descanso, Antero comentou com Anita as palavras de Chico, dizendo que, embora sem concordar, admirava a fé dele.

Anita propôs-lhe:

– Vou dar um livro para você. De forma alguma, você estará obrigado a lê-lo. Nem ficarei chateada se recusar. Mas, como fala de Jesus, imagino que, talvez, seja interessante para você.

– Gosto muito de ler, mocinha. Caso não saiba, ou tenha se esquecido, nós, os beneditinos, somos citados figurativamente pelos longos trabalhos de erudição, que exigem muita paciência. E nada melhor do que leituras diversificadas, sérias. Não é mesmo?

Anita fez um matreiro muxoxo:

– Hum...

No dia seguinte, trouxe para Antero um exemplar de *O Evangelho Segundo o Espiritismo*. Antero olhou aquele livro, e nada disse.

Porém, dez dias depois, comentou com Anita:

– Aquele livro que você me deu... Gostei muito da filosofia que está embutida nele. O autor, Allan Kardec, deve ter sido um homem extremamente culto, pedagogo emérito e um cristão fervoroso. O que mais gostei é a forma como ele explica os ensinamentos do Cristo. Confesso que nunca tinha visto nada parecido, nem tanta lógica e racionalidade. Abstraindo algumas premissas contrárias à Igreja, digo que é um bom livro.

– Oh, Antero, que bom que você gostou. Tive receio de que até ficasse chateado comigo, por tê-lo dado.

– Eu, chateado com você?!... Aí, o padre ousou: – ... será que preciso chamar aquele telepata para vir aqui cantar aquela canção? Não, não! Se você não se lembra, não preciso dele.

Anita todos os dias devaneava com aqueles poucos momentos.

O padre olhou ternamente para a geóloga e viu diamantes no lugar das pupilas dela. Nada disseram, por absolutamente desnecessário.

Três semanas depois, os pais de Antero voltaram.

Anita deu sinais de depressão, de início sem identificar a causa, mas logo sua razão mostrou-lhe que sua tristeza se devia ao fato de que Antero retornaria para a sua paróquia, pois nada mais tinha a fazer ali.

Aguardava, a qualquer momento, ele dizer-lhe adeus...

Incapaz de suportar tal separação, dirigiu fervorosas preces ao seu anjo da guarda,[22] suplicando a solução que desejava, que era a permanência dele perto dela, "para sempre". Criteriosa no que orava, concluía: "mas que seja feita a vontade de Deus, não a minha".

Não há prece sem retorno. Quanto mais fervor, quanto mais sinceridade, quanto mais autenticidade, considerado o

22. Anjo da guarda: espírito protetor que todos temos, por bênção de Deus. Em *O Livro dos Espíritos*, Capítulo 9, questões no 489 e seguintes esse assunto é exposto por Allan Kardec, sob orientação dos espíritos siderais que o arrimaram na Codificação do Espiritismo.

merecimento daquele que ora, mais razões há para o deferimento, que, geralmente, atende ao que é pedido, ou atende de outras formas que no futuro se mostram mais valiosas, ou ainda, com maiores bênçãos do que as pedidas...

Tal é o Amor de Deus!

Antero, passados tantos dias em companhia de Anita, vendo a todo instante, em seus olhos, o amor expresso na felicidade manifesta sempre que se aproximava dela, a par da tristeza de quando se afastava, também em preces rogava a Jesus que os protegesse.

Ora, ele e ela, orando mesmo em separado, mas com a mesma intensidade e rogando aos Céus a mesma coisa, só poderiam mesmo obter a graça que um amor verdadeiro proporciona.

Estavam ambos num instante de descanso das atividades, como sempre algo afastados dos trabalhadores. Anita explodiu:

– Antero, não me deixe!

Pego de surpresa – talvez ao contrário disso, estivesse aguardando a primeira oportunidade para expressar o que sentia –, o fato é que já não conseguiu esconder seus sentimentos.

Aliás, era isso mesmo que Anita acabara de fazer.

Pegou nas mãos dela e disparou, atropelando as palavras, pois nele o domínio era inteiramente dos sentimentos há tanto represados, e que agora se viam livres como pássaros cativos saindo da gaiola:

– Graças a Deus! Graças a Deus! Eu te amo!

Anita, alcançada pela sublime emoção de se saber amada por ele, não mais se conteve e disse, peito arfante:

– Oh, Antero, quanto eu te amo! Meu amor!

O beijo eletrizante, centenas de vezes desejado e contido pelas convenções do mundo, contrariando as do coração, com aquecimento que um poeta até diria que superior ao do Sol, firmou o contrato de suas vidas!

Beijo que, de tão prolongado, vingou-se de tantas ânsias negadas...

Já beirando o descontrole, separaram os lábios, prudentes.

Mas ambos os corações nunca mais estariam separados, ou melhor, nunca estiveram, embora não soubessem exatamente quando tal união acontecera. Aliás, o que importava saber isso?

Não retornaram ao trabalho, pois só três horas depois é que ambos terminaram de confessar tudo aquilo que os meses haviam represado na alma dos dois.

Famílias respectivas, uma vez informadas daquele amor, que tão bem já haviam detectado, só restava Antero desligar-se oficialmente das responsabilidades clericais.

Fato é que isso demorou algum tempo, mas com o empenho de dom Alípio, que fora promovido a arcebispo e convidado a ir ao Vaticano, acabou prosperando, pois levou em mãos o pedido de Antero, que defendeu ante o Papa, sugerindo deferimento.

Dias após, lá de Roma informou Antero sobre a concessão.

As ametistas eram de altíssimo valor, por serem de cor intensa em todo o corpo, não apenas nas pontas, raramente assim encontradas e ainda mais em grande quantidade na natureza.

A extração dessas pedras preciosas deslanchava, gerando muitos empregos e trazendo bons dividendos aos proprietários da Santa Teresinha e da Jatobá, os quais passaram procuração geral de mineração para a empresa na qual Anita trabalhava.

Anita, que bem conhecia os percalços para a saúde dos mineradores, provocados pela silicose,[23] providenciara equipamento novo (máscaras eficazes) e despoluentes do ar nas galerias. Aliás, inaugurara, ali, inédito sistema de trabalho em mineralogia, com expediente reduzidíssimo no interior das galerias abertas pelos avanços das perfurações, com detonação de pólvora caseira. Por sua própria conta estabelecera trabalho semanal de cinco dias, cada expediente diário com três turmas, cada uma laborando apenas por três horas.

Foi a seu pedido que ali foram instalados oficialmente, sob patrocínio dos órgãos oficiais da indústria e do comércio, cursos profissionais para formação de lapidadores (desbastam pedras preciosas ou semipreciosas), engastadores (encaixam nas joias as pedras preciosas e semipreciosas), ourives (confeccionam e reparam objetos de ouro, prata e outros metais preciosos) e joalheiros (reparam ou transformam joias).

Com a mineração, os canaviais das duas fazendas deixaram de existir, até porque ali foram implantadas várias edificações industriais e comerciais, além de escola industrial e residências para trabalhadores.

23. Silicose: doença pulmonar devida à inalação de pó de sílica, resultante dos trabalhos de detonação.

Mas a cana-de-açúcar havia fincado raízes naquela região e foi assim que Chico vendeu sua roça para um grupo industrial que nela edificou uma usina de açúcar e álcool, já que em outras áreas adjacentes havia também vastos canaviais.

Assim, parte das terras planas da Santa Teresinha e da Jatobá transformou-se em loteamentos, logo ocupados. A prefeitura ocupou-se das benfeitorias necessárias e inclusive construiu um campo de futebol.

Não bastasse o impressionante surto de progresso para aquela cidade, que se expandiu na direção das duas fazendas, o noivo de Eveline, engenheiro hidráulico, trouxe também filial de uma indústria estratégica de fabricação de equipamento para geração de energia eólica. E, apaixonado pelo tema energias alternativas, viu na energia solar uma nova frente de trabalho, desenvolvendo inédito complemento nas residências que ainda não possuíam construção adequada para utilizá-la, possibilitando tal emprego, embora parcial: tanques e instalações de material específico nos telhados e encanamento à prova de calor nas laterais externas das casas, com pontos de água solarmente aquecida podendo ser utilizados, sob comando, com a água tradicional.

Foi por isso que, paralelamente ao avanço demográfico e ao ensino industrial para tantas novas frentes de trabalho, as instalações iniciais foram ampliadas e transformadas em escola estadual de ensino fundamental e médio, tendo Antero por diretor, em razão de sua erudição e especialização em pedagogia.

De várias cidades e mesmo estados acorreram alunos, na maioria jovens. Isso se mostrou uma bênção para tantos que, durante sua formação escolar, aprenderam essas atraentes e bem remuneradas profissões.

Dom Alípio, de retorno ao Brasil, fez questão de celebrar o casamento do ex-padre Antero.

Na hora das alianças, Antero surpreendeu Anita, tirando do bolso um pequeno estojo, mais parecendo miniporta-joias, feito de ametista, no formato de jatobá... Abrindo delicadamente a tampa, cuja dobradiça era de ouro, dali retirou as duas alianças. Luzes feéricas da igreja e mais do altar, sobre o porta-joias aberto, fizeram-no rebrilhar, com cintilantes raios iridescentes.

O sonho, mais de uma vez sonhado por Anita, ali se materializava!

No baile que se seguiu ao casamento, Fabíola e Marcos, padrinhos dos noivos, contaram-lhes a grande novidade: ela estava grávida de gêmeos.

Na Espiritualidade, segundo informações de consagrados autores espirituais, há casos em que são decididas as chamadas "reencarnações de emergência", isto é, quando algum espírito que deveria permanecer mais tempo no plano espiritual é reconduzido ao plano terreno, tendo em vista a continuidade de um processo regenerativo de um grupo, interrompido por descaminhos dele ou de outrem.

Assim é que o casal Fabíola e Marcos e seus familiares, bem como todos os demais das duas fazendas, sequer desconfiavam, mas Osório e Benício estavam de volta àquela região, onde cumpririam a promessa feita aos espíritos encarregados das reencarnações na colônia espiritual a que estavam recolhidos, que cuidariam do "vovô Joseval", reparando o mal que lhe causaram. Pois que, na velhice, viúvo, precisaria de amparo redobrado.

E também, o "velho Chico", que seria padrinho deles, acabaria por doar-lhes o valor da venda da roça, comprado deles mesmo outrora. Os gêmeos, que na existência terrena anterior deveriam constituir família, cuidando de filhos, prometeram que, com essa nova oportunidade, tudo fariam para que por meio deles o mundo se povoasse de bastante gente... Quando falaram isso, uma voz vinda do teto da instituição espiritual à qual tinham sido recolhidos desde que desencarnaram disse bem alto:

– *Com responsabilidade! Com responsabilidade!*

De imediato, reconheceram a saudosa voz materna e entenderam o alerta: o plano futuro deveria atender à retidão de comportamento. Incontáveis instruções tinham recebido a respeito disso...

No perispírito ficam gravadas as agressões cometidas tanto ao próximo, como a si mesmo, que terão de ser quitadas, às vezes na própria existência terrena, para os encarnados, ou em existências terrenas futuras, para os desencarnados. Tal quitação se dá geralmente na forma de doenças e deficiências no corpo físico, ecoando aquilo que se encontra indelevelmente registrado no perispírito, já que este age como molde.

Assim, os irmãos teriam singular dificuldade orgânica ligada ao fígado, já na próxima reencarnação, desde crianças, ali bondosamente colocada pelos espíritos denominados "construtores da vida". Estes, sob delegação divina são responsáveis pelo equipamento orgânico de futuros reencarnantes: uma desconhecida e incurável alergia os deixariam impedidos, na vida toda, de ingerir qualquer bebida alcoólica.

Seriam, um, o braço direito do velhinho; e o outro, o braço esquerdo.

Só não definiram quem ficaria de um ou do outro lado do avô.

Casados, nem Anita forçou Antero a acatar o Espiritismo, nem o ex-padre exigiu que ela se tornasse, ou melhor, retornasse ao Catolicismo.

De comum e fraterno acordo, respeitaram reciprocamente as convicções religiosas, um do outro. Confiantes ambos no bom senso e no amor de Deus, que não tem sectarismo, entregaram ao futuro a administração pessoal de suas crenças, fazendo concessões que não as desmerecessem.

Anita consentiu em se casar na Igreja, obviamente além de formalizar a união no civil. Semanalmente, acompanhava Antero à missa e ele, por sua vez, ia ao Centro Espírita com ela, onde assistiam palestra evangélica.

Na casa que construíram para morar, na Fazenda Santa Terezinha – sobre a porta de entrada da residência –, Antero instalou belíssimo nicho, feito de ametista. Aliás, capelas de ametista sempre estiveram presentes em moradias de devotos, que nelas entronizam o santo que cultuam. Sem restrições,

Anita atendeu ao pedido do marido, que solicitou ali estivesse a imagem de Santa Terezinha.

O casal instituiu, semanalmente, a "Hora do Evangelho no Lar", durante a qual, após a leitura de um trecho dos ensinos de Jesus, ambos o comentavam. A seguir, oravam o Pai-Nosso. Antero, em cuja alma permanecia latente o amor à Igreja Católica, sempre solicitava a Anita um momento particular, para orar a Ave-Maria. Anita, em silêncio, respeitosamente, o acompanhava em pensamento. Encerrando a reunião, rendiam graças ao Pai pelas bênçãos recebidas e rogavam pelos que sofrem.

E assim, sem conflitos, viveram muito bem.

Ao terminar a leitura deste livro, talvez você tenha ficado com algumas dúvidas e perguntas a fazer, o que é um bom sinal. Sinal de que está em busca de explicações para a vida. Todas as respostas de que você precisa estão nas Obras Básicas de Allan Kardec.

Se você gostou deste livro, o que acha de fazer que outras pessoas venham a conhecê-lo também? Poderia comentá-lo com aquelas do seu relacionamento, dar de presente a alguém que talvez esteja precisando ou até mesmo emprestar àquele que não tem condições de comprá-lo. O importante é a divulgação da boa leitura, principalmente a da literatura espírita. Entre nessa corrente!

Livros de Eurípedes Kühl

Livros que informam, esclarecem, emocionam e proporcionam momentos de paz!

Deus, espírito e universo
O Espiritismo abre caminhos para uma vida melhor. Descubra como lidar com as transformações planetárias e vencer os desafios de uma época conturbada! Eurípedes Kühl desfaz dúvidas, derruba mitos e descortina a plenitude da vida no universo sem fim.

150 anos de Allan Kardec
Facilita o entendimento do Espiritismo. Eurípedes Kühl – médium, pesquisador, escritor e palestrante requisitado – resume e comenta *O Livro dos Espíritos*, de Allan Kardec, demonstrando a atualidade dessa Obra Básica.

Três arco-íris
Romance do Espírito Josué
Juventino acredita que está encarnado e Enedine, um espírito benfeitor, o ajuda a recuperar-se. Ao apaixonar-se por ela, ele vai reviver o passado...

Animais, nossos irmãos
Animais têm alma? Eles reencarnam? Eles têm carma? E emoções? Essas e muitas outras questões você encontrará neste livro.

Infidelidade e perdão
Romance do Espírito Josué
Infidelidade: a vida implode em alicerces de paixões, deixando os envolvidos em escombros. Um alerta do Espiritismo para aqueles que se deixam levar pelas aparências.

Sempre há uma esperança
Romance do Espírito Roboels
Karen quer subir na vida a qualquer custo, nem que para isso tenha de pisar em outros. Um romance esclarecedor!

Leia e recomende!
À venda nas boas livrarias espíritas e não espíritas